KB264693

韓中日 공용한자 800자

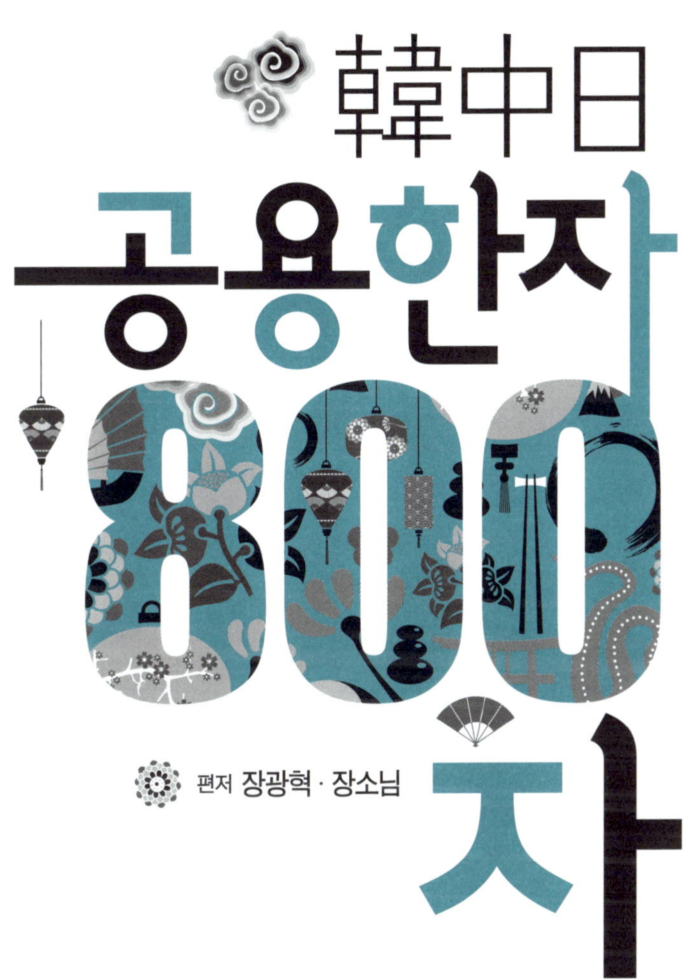

편저 장광혁 · 장소님

도서출판 답게

한중일 공용한자 800자

편 저 | 장광혁·장소님
펴낸이 | 一庚 장소님
펴낸곳 | 돌설 답게
초판 발행 | 2013년 9월 15일
초판 2쇄 | 2019년 4월 15일
초판 3쇄 | 2025년 8월 15일
등 록 | 1990년 2월 28일, 제 21-140호
주 소 | 04975 서울특별시 광진구 천호대로 698 진달래빌딩 502호
전 화 | (편집) 02)469-0464, 02)462-0464
         (영업) 02)463-0464, 02)498-0464
팩 스 | 02) 498-0463
홈페이지 | www.dapgae.co.kr
e-mail | dapgae@gmail.com, dapgae@korea.com
ISBN 978-89-7574-260-6
© 2013, 장광혁·장소님

나답게·우리답게·책답게

한국·중국·일본 등 동 아시아 문명교류의 문자로 한자를 제쳐 놓고 논의할 수는 없습니다.

때마침 한국측의 제안으로 3국의 지성들이 모여 〈공용한자 800자〉를 선정하게 되었습니다.

언론현장과 교육계는 입을 모아 합의에 도달한 과정과 노고에 치하하며 결과를 높이 환영하고 있습니다.

미래세대들도 천자문이란 엄청난 중압감에서 벗어나 〈공용한자 800자〉라는 가벼운 날개를 달게 된 것입니다.

이제 3국의 젊은이들은 이 800자를 익혀 문화와 역사를 이해하고 경제교류의 물꼬를 트며, 지리적 굴곡을 소통하는 단초를 기대하게 될 것입니다. 특히 초·중·고·대학생들은 학업에 단계적 학습 진도를 체계화하여 그 효력을 증대시키며 입시와 취업준비에서 더욱 박차를 가하게 될 것입니다.

이 책에는 정자(한국), 간체자(중국), 번체자(대만, 홍콩, 마카오), 약자(일본)를 정리하고, 그 소리와 뜻풀이를 꼼꼼히 제시하고 있습니다. 모처럼 3국의 미래에 이 책이 발전의 초석이 되기를 바라며, 독자 여러분이 쉽게 익혀 큰 도움이 되기를 기원합니다.

도서출판답게 발행인

장 소 님
2013년 초가을

참으로 반가운 소식입니다!

한중일 세 나라의 역사적·문화적 기반은 한자입니다. 세 나라의 지성인들이 모여 한중일 공용한자를 선정한 것은 시대정신을 꿰뚫은 통찰력의 산물입니다.

이제 이 800자만 익혀도 세 나라 사람들은 필담을 통해 최소한의 의사소통이 가능하게 된 문자의 바벨탑이 세워진 것입니다. 더 발전하여 세 나라가 쓰고 있는 정자·번체자·간체자·약자가 통일될 날을 기대해 봅니다.

이 기회에 800자를 각종 시험에 출제함으로써 한자를 등한시하던 젊은이들이 이를 모두 익혀, 동양 3국이 소통을 통한 공동 번영의 장을 펼쳐 나감은 물론, 인문학적 소양의 지평을 넓혀나가는 디딤돌이 되었으면 하는 바람에서 이 책을 추천하는 바입니다.

서울시 교육의원 **김 영 수**

적극 추천합니다!

한중일 세 나라 지식인 모임인 "한중일 30인회"가 한중일 공용한자 800자를 선정·발표한 것은 역사적 사건입니다.

우리나라의 이어령 전 문화부장관과 지바오칭 전 중국인민대학교 총장, 마쓰모토 히로시 일본 교토대학교 총장이 중심이 되어, 중국의 상용한자 2,500자와 일본의 교육용 기초한자 1,006자 중 겹치는 한자 995개를 가려 내어, 이를 한국의 기본한자 900자와 대조하여 공용한자 800자를 선정한 것입니다.

세 나라의 청소년은 물론 일반인들이 한중일 공용한자 800자만 익혀 두어도 기본적으로 상대방과 서로 소통할 수 있으니, 세계 문화의 축이 서양에서 동양으로 옮겨져 가는 이 시기에 가히 혁명적인 문화적 사건이 아닐 수 없습니다.

시의적절하게 편자가 한중일 공용한자 800자를 우리나라에서 쓰이는 정자, 대만 등지에서 쓰이는 번체자, 중국에서 쓰이는 간체자, 일본에서 쓰이는 약자를 비교하고, 여기에 각 발음기호와 용례, 획순, 그리고 실제 쓰기까지 누구나 익히기 쉽게 정리하여 엮어 냈기에, 이를 적극 추천하는 바입니다.

서울시 교육의원 최 명 복

〈한·중·일 공용한자 800자〉는 한자를 표제자로 삼아 중국 번체자, 간체자, 일본 약자의 순서로 나열하여 자체를 비교할 수 있도록 하였다. 한자는 훈과 독음을, 번체자는 주음부호, 간체자는 한어병음, 약자는 음독을 추가하고 괄호 안에 한글 발음 표기를 달아 자체뿐만 아니라 발음 또한 비교 가능하도록 하였다. 또한 한자의 획순 쓰기와 쓰기 연습란, 활용 용례를 추가하여 한자에 대한 이해를 도왔다.

한글 발음 표기는 〈문화체육부고시제1995-8호〉 외래어 표기법을 적용하였다.

중국어의 표기는 성조는 구별하여 적지 아니하고, 'ㅈ, ㅉ, ㅊ'으로 표기되는 자음 뒤의 'ㅑ, ㅖ, ㅛ, ㅠ'는 'ㅏ, ㅔ, ㅗ, ㅜ'로 표기한다.

⟮예⟯ 쟈 → 자, 졔 → 제

일본어의 표기는 어두에는 거친소리로 표기하지 않고 예사소리로 표기한다.
• 'た' 행의 'つ'음은 (츠)로 표기하지 않고 항상 (쓰)로 표기한다.
• 'う' 단의 'す'는 (수)로 표기하지 않고 (스)로 표기한다.

- 'チャ(챠), チュ(츄), チョ(쵸)'는 'チャ(차), チュ(추), チョ(초)'로
  표기하는데, 음절 처음에 오는 'チャ(차), チュ(추), チョ(초)'는
  'チャ(자), チュ(주), チョ(조)'로 표기한다.
- 장모음 'う'는 발음을 따로 표기하지 않는다.

(예)　ちょう(조), りょう(료)

활용 단어는 한자가 낱말의 첫글자로 쓰이는 용례와 뒷글자로 쓰
이는 용례를 밝혀둠을 원칙으로 하되, 첫글자나 뒷글자로 쓰이는 단
어가 마땅치 않을 경우에는 첫글자 혹은 뒷글자로 쓰이는 용례로 기
재하였다.

(예)
夕陽(석양)　　　　四面(사면)
朝夕(조석)　　　　四季(사계)

患者(환자)
使者(사자)

활용단어는 〈네이버 한자사전〉과 〈네이트 한자사전〉을 참고하였다.

한중일
공용한자
800자

	한국 한자	중국 번체자	중국 간체자	일본 약자
001	一	一	一	一
	한 **일**	ㄧˉ(이)	yī(이)	いち(이치)
	一			
	一 一 一 一		• 一旦(일단): 한 번, 하루 아침 • 唯一(유일): 오직 그것 하나뿐임	
002	乙	乙	乙	乙
	새 **을**	ㄧˇ(이)	yǐ(이)	おつ(오쓰)
	乙			
	乙 乙 乙 乙		• 乙酉(을유): 육십갑자의 스물두째 • 甲乙(갑을): 갑과 을	
003	人	人	人	人
	사람 **인**	ㄖㄣˊ(런)	rén(런)	じん(진)
	ノ 人			
	人 人 人 人		• 人才(인재): 재주가 놀라운 사람 • 故人(고인): 죽은 사람	
004	十	十	十	十
	열 **십**	ㄕˊ(스)	shí(스)	じゅう(주)
	一 十			
	十 十 十 十		• 十分(십분): 매우 대단히 • 數十(수십): 십의 두서너 배가 되는 수	

	한국 한자	중국 번체자	중국 간체자	일본 약자
005	二	二	二	二
	두 이	ㄦˋ(얼)	èr(얼)	に(니)
	一 二			
	二 二 二 二			• 二重(이중): 두 겹 • 無二(무이): 둘도 없음, 가장 뛰어남
006	又	又	又	又
	또 우	ㅣㄡˋ(유)	yòu(유)	ゆう(유)
	ㄱ 又			
	又 又 又 又			• 又況(우황): 하물며 • 一又(일우): 한두 번
007	力	力	力	力
	힘 력	ㄌㄧˋ(리)	lì(리)	りき(리키)
	ㄱ 力			
	力 力 力 力			• 力量(역량): 힘, 능력 • 協力(협력): 힘을 합하여 서로 도움
008	九	九	九	九
	아홉 구	ㄐㄧㄡˇ(주)	jiǔ(주)	きゅう(규)
	ㄟ 九			
	九 九 九 九			• 九天(구천): 하늘의 가장 높은 곳 • 中九(중구): 그 달의 초아흐렛날

	한국 한자	중국 번체자	중국 간체자	일본 약자
009	八	八	八	八
	여덟 **팔**	ㄅㄚˉ(바)	bā(바)	はち(하치)
	ノ 八			
	八 八 八 八			• 八旬(팔순): 여든 살 • 臘八(납팔): 음력 12월 8일, 납월 팔일
010	七	七	七	七
	일곱 **칠**	ㄑㄧˉ(치)	qī(치)	しち(시치)
	一 七			
	七 七 七 七			• 七情(칠정): 일곱 가지 감정 • 初七(초칠): 초이렛날
011	入	入	入	入
	들 **입**	ㄖㄨˋ(루)	rù(루)	にゅう(뉴)
	ノ 入			
	入 入 入 入			• 入閣(입각): 내각의 한 사람이 됨 • 出入(출입): 나가고 들어감
012	刀	刀	刀	刀
	칼 **도**	ㄉㄠˉ(다오)	dāo(다오)	とう(도)
	ㄱ 刀			
	刀 刀 刀 刀			• 刀傷(도상): 칼에 의한 상처 • 寶刀(보도): 보배로운 칼

	한국 한자	중국 번체자	중국 간체자	일본 약자
013	丁 고무래 **정** 一 丁 丁　丁	丁 ㄉ丨ㄥˉ(딩)	丁 dīng(딩)	丁 てい(데이)

- 丁年(정년): 남자 나이 20세
- 率丁(솔정): 밑에 거느려 부리는 사람

	한국 한자	중국 번체자	중국 간체자	일본 약자
014	上 윗 **상** 丨 卜 上 上　上	上 ㄕㄤˋ(상)	上 shàng(상)	上 じょう(조)

- 上下(상하): 위와 아래
- 謹上(근상): 삼가 올림

	한국 한자	중국 번체자	중국 간체자	일본 약자
015	大 클 **대** 一 ナ 大 大　大	大 ㄉㄚˋ(다)	大 dà(다)	大 だい(다이)

- 大選(대선): 대통령 선거
- 偉大(위대): 뛰어나고 훌륭함

	한국 한자	중국 번체자	중국 간체자	일본 약자
016	子 아들 **자** フ 了 子 子　子	子 ㄗˇ(쯔)	子 zǐ(쯔)	子 し(시)

- 子孫(자손): 아들과 손자
- 孫子(손자): 아들이 낳은 아들

	한국 한자	중국 번체자	중국 간체자	일본 약자
017	小	小	小	小
	작을 **소**	ㄒㅣㄠˇ(사오)	xiǎo(사오)	しょう(쇼)
	｜ ｣ 小			
	小 小 小 小		• 小雪(소설): 24절기의 스무째 • 縮小(축소): 줄여서 작아짐	
018	下	下	下	下
	아래 **하**	ㄒㅣㄚˋ(사)	xià(사)	か(가)
	一 丅 下			
	下 下 下 下		• 下人(하인): 종 • 引下(인하): 끌어내림	
019	工	工	工	工
	장인 **공**	ㄍㄨㄥˉ(궁)	gōng(궁)	こう(고)
	一 丁 工			
	工 工 工 工		• 工事(공사): 토목, 건축 등의 일 • 竣工(준공): 공사를 마침	
020	三	三	三	三
	석 **삼**	ㄙㄢˉ(싼)	sān(싼)	さん(산)
	一 二 三			
	三 三 三 三		• 三伏(삼복): 초복, 중복, 말복 • 重三(중삼): 삼짇날	

	한국 한자	중국 번체자	중국 간체자	일본 약자
021	口	口	口	口
	입 **구**	ㄎㄡˇ(커우)	kǒu(커우)	こう(고)
	ㅣㄇ口			
	口　口　口　口			• 口實(구실): 핑계 삼을 밑천 • 緘口(함구): 입을 다물어 봉함
022	己	己	己	己
	몸 **기**	ㄐㄧˇ(지)	jǐ(지)	き(기)
	ㄱㄱ己			
	己　己　己　己			• 己身(기신): 자신 • 自己(자기): 제 몸
023	女	女	女	女
	여자 **여**	ㄋㄩˇ(뉘)	nǔ(뉘)	じょ(조)
	ㄑㄨ女			
	女　女　女　女			• 女子(여자): 여성으로 태어난 사람 • 淑女(숙녀): 여자의 경칭
024	山	山	山	山
	뫼 **산**	ㄕㄢˉ(산)	shān(산)	さん(산)
	ㅣ山山			
	山　山　山　山			• 山間(산간): 산과 산 사이 • 西山(서산): 해 지는 쪽의 산

	한국 한자	중국 번체자	중국 간체자	일본 약자
025	已	已	已	已
	이미 **이**	ㅣˇ(이)	yǐ(이)	い(이)
	ㄱ ㄱ 已			
	已 已 已 已			· 已往(이왕): 오래 전 · 不得已(부득이): 마지못하여
026	及	及	及	及
	미칠 **급**	ㄐㄧˊ(지)	jí(지)	きゅう(규)
	ノ ノ 乃 及			
	及 及 及 及			· 及其也(급기야): 마침내 · 言及(언급): 어떤 일과 관련하여 말함
027	才	才	才	才
	재주 **재**	ㄘㄞˊ(차이)	cái(차이)	さい(사이)
	一 十 才			
	才 才 才 才			· 才能(재능): 지식과 능력 · 英才(영재): 뛰어난 재주
028	千	千	千	千
	일천 **천**	ㄑㄧㄢˉ(첸)	qiān(첸)	せん(센)
	ノ 二 千			
	千 千 千 千			· 千億(천억): 아주 많은 수 · 數千(수천): 여러 천, 몇 천

	한국 한자	중국 번체자	중국 간체자	일본 약자
029	土 흙 **토** 一 十 土 土 土 土 土	土 ㄊㄨˇ(투)	土 tǔ(투)	土 ど(도)
			· 土地(토지): 논밭 땅 · 風土(풍토): 기후와 토지의 상태	
030	士 선비 **사** 一 十 士 士 士 士 士	士 ㄕˋ(스)	士 shì(스)	士 し(시)
			· 士官(사관): 장교의 총칭 · 兵士(병사): 하사관 아래 군인	
031	久 오랠 **구** 丿 ク 久 久 久 久 久	久 ㄐㄧㄡˇ(주)	久 jiǔ(주)	久 きゅう(규)
			· 久安(구안): 오래도록 편안함 · 永久(영구): 끝없이 오램	
032	凡 무릇 **범** 丿 几 凡 凡 凡 凡 凡	凡 ㄈㄢˊ(판)	凡 fán(판)	凡 ぼん(본)
			· 凡夫(범부): 평범한 사람 · 平凡(평범): 뛰어난 점 없이 보통	

	한국 한자	중국 번체자	중국 간체자	일본 약자
033	亡 망할 **망** `、一亡`	亡 ㄨㄤˊ(왕)	亡 wáng(왕)	亡 ぼう(보)
	亡　亡　亡　亡		• 亡命(망명): 도망하다 • 死亡(사망): 죽음	
034	寸 마디 **촌** `一寸寸`	寸 ㄘㄨㄣˋ(춘)	寸 cùn(춘)	寸 すん(슨)
	寸　寸　寸　寸		• 寸劇(촌극): 단편적인 연극 • 三寸(삼촌): 아버지의 친형제	
035	川 내 **천** `丿丿丨川`	川 ㄔㄨㄢˉ(촨)	川 chuān(촨)	川 せん(센)
	川　川　川　川		• 川邊(천변): 냇가 • 河川(하천): 강과 시내	
036	弓 활 **궁** `一コ弓`	弓 《ㄨㄥˉ(궁)	弓 gōng(궁)	弓 きゅう(규)
	弓　弓　弓　弓		• 弓手(궁수): 활을 쏘는 사람 • 洋弓(양궁): 서양 활	

	한국 한자	중국 번체자	중국 간체자	일본 약자
	夕	夕	夕	夕
037	저녁 **석**	ㄒㅣ⁻(시)	xī(시)	せき(세키)
	ノ ク 夕			
			• 夕陽(석양): 저녁 나절의 해 • 朝夕(조석): 아침과 저녁
	不	不	不	不
038	아니 **불**	ㄅㄨˋ(부)	bù(부)	ふ(후)
	一 ア 不 不			
			• 不良(불량): 좋지 않음 • 不得不(부득불): 아니 할 수 없이
	中	中	中	中
039	가운데 **중**	ㄓㄨㄥ⁻(중)	zhōng(중)	ちゅう(주)
	ㅣ ㄇ ㅁ 中			
			• 中央(중앙): 사방의 중심 • 途中(도중): 길을 가고 있는 동안
	天	天	天	天
040	하늘 **천**	ㄊㅣㄢ⁻(톈)	tiān(톈)	てん(덴)
	一 二 チ 天			
			• 天地(천지): 하늘과 땅 • 明天(명천): 내일, 미래

	한국 한자	중국 번체자	중국 간체자	일본 약자
041	太	太	太	太
	클 태	ㄊㄞˋ(타이)	tài(타이)	たい(다이)
	一 ナ 大 太			
	太　太　太　太			• 太平(태평): 세상이 평안함 • 皇太子(황태자): 황제의 대를 이을 아들
042	日	日	日	日
	날 일	ㄖˋ(르)	rì(르)	にち(니치)
	ㅣ 冂 冃 日			
	日　日　日　日			• 日夜(일야): 밤과 낮, 밤낮 • 翌日(익일): 이튿날
043	方	方	方	方
	모 방	ㄈㄤˉ(팡)	fāng(팡)	ほう(호)
	、 ㅗ 亍 方			
	方　方　方　方			• 方正(방정): 행동이 바르고 정확함 • 四方(사방): 방위, 네모
044	分	分	分	分
	나눌 분	ㄈㄣˉ(펀)	fēn(펀)	ぶん(분)
	ノ 八 今 分			
	分　分　分　分			• 分離(분리): 갈라서 떼어 놓음 • 支分(지분): 분할하다, 잘게 나눔

	한국 한자	중국 번체자	중국 간체자	일본 약자
045	五 다섯 **오** 一 丁 万 五	五 ㄨˇ(우)	五 wǔ(우)	五 ご(고)
	五 五 五 五		· 五倫(오륜): 다섯 가지의 윤리 · 從五品(종오품): 벼슬 품계의 하나	
046	心 마음 **심** ノ 心 心 心	心 ㄒㄧㄣ(신)	心 xīn(신)	心 しん(신)
	心 心 心 心		· 心地(심지): 마음의 본바탕(心志) · 眞心(진심): 거짓 없는 마음	
047	水 물 **수** 亅 刁 水 水	水 ㄕㄨㄟˇ(수이)	水 shuǐ(수이)	水 すい(스이)
	水 水 水 水		· 水泳(수영): 헤엄 · 洪水(홍수): 큰물	
048	月 달 **월** 丿 刀 月 月	月 ㄩㄝˋ(웨)	月 yuè(웨)	月 がつ(가쓰)
	月 月 月 月		· 月下(월하): 달빛이 비치는 아래 · 風月(풍월): 바람과 달	

	한국 한자	중국 번체자	중국 간체자	일본 약자
049	化 될 화 ノ イ 亻 化	化 ㄏㄨㄚˋ(화)	化 huà(화)	化 か(가)
	化 化 化 化		· 化粧(화장): 얼굴을 곱게 꾸밈 · 惡化(악화): 나쁘게 됨	
050	比 견줄 비 一 ⺜ 比 比	比 ㄅㄧˇ(비)	比 bǐ(비)	比 ひ(히)
	比 比 比 比		· 比肩(비견): 어깨를 나란히 함 · 對比(대비): 서로 맞대어 비교함	
051	公 공평할 공 ノ 八 公 公	公 ㄍㄨㄥˉ(궁)	公 gōng(궁)	公 こう(고)
	公 公 公 公		· 公正(공정): 공평하고 올바름 · 官公署(관공서): 관청과 공기관	
052	內 안 내 丨 冂 內 內	內 ㄋㄟˋ(네이)	內 nèi(네이)	內 ない(나이)
	內 內 內 內		· 內需(내수): 국내에서의 수요 · 國內(국내): 나라의 안	

	한국 한자	중국 번체자	중국 간체자	일본 약자
053	今 이제 **금** ノ 人 㓛 今	今 ㄐㄧㄣˉ(진)	今 jīn(진)	今 こん(곤)
	今　今　今　今		• 今昔(금석): 현재와 과거 • 方今(방금): 현재 지금	
054	手 손 **수** 一 二 三 手	手 ㄕㄡˇ(서우)	手 shǒu(서우)	手 しゅ(슈)
	手　手　手　手		• 手法(수법): 수단, 방법, 기법 • 拍手(박수): 두 손뼉을 마주 두드림	
055	六 여섯 **육** 丶 二 六 六	六 ㄌㄧㄡˋ(류)	六 liù(류)	六 ろく(로쿠)
	六　六　六　六		• 六旬(육순): 예순 살 • 望六(망륙): 예순을 바라봄	
056	反 돌이킬 **반** 一 厂 万 反	反 ㄈㄢˇ(판)	反 fǎn(판)	反 はん(한)
	反　反　反　反		• 反目(반목): 서로 미워함 • 違反(위반): 법령 따위를 어기는 것	

	한국 한자	중국 번체자	중국 간체자	일본 약자
057	少	少	少	少
	적을 **소**	ㄕㄠˇ(사오)	shǎo(사오)	しょう(쇼)
	㇒ 小 小 少			
	少　少　少　少		• 少量(소량): 적은 분량 • 減少(감소): 줄어서 적어짐	
058	文	文	文	文
	글월 **문**	ㄨㄣˊ(원)	wén(원)	ぶん(분)
	丶 一 ナ 文			
	文　文　文　文		• 文章力(문장력): 글을 쓰는 능력 • 論文(논문): 의견을 논술하는 글	
059	夫	夫	夫	夫
	지아비 **부**	ㄈㄨˉ(푸)	fū(푸)	ふ(후)
	一 二 キ 夫			
	夫　夫　夫　夫		• 夫妻(부처): 남편과 아내 • 匹夫(필부): 평범한 남자	
060	火	火	火	火
	불 **화**	ㄏㄨㄛˇ(훠)	huǒ(훠)	か(가)
	丶 丶丶 ㇒ 火			
	火　火　火　火		• 火焰(화염): 불꽃 • 燈火(등화): 등잔불	

	한국 한자	중국 번체자	중국 간체자	일본 약자
061	元 으뜸 원 一 二 テ 元	元 ㄩㄢˊ(위안)	元 yuán(위안)	元 がん(간)
	元 元 元 元		· 元年(원년): 임금이 즉위한 해 · 紀元(기원): 나라를 이룩한 첫해	
062	毛 털 모 一 二 三 毛	毛 ㄇㄠˊ(마오)	毛 máo(마오)	毛 もう(모)
	毛 毛 毛 毛		· 毛織(모직): 털실로 짠 섬유 · 牛毛(우모): 쇠털	
063	王 임금 왕 一 二 干 王	王 ㄨㄤˊ(왕)	王 wáng(왕)	王 おう(오)
	王 王 王 王		· 王孫(왕손): 임금의 손자 또는 후손 · 帝王(제왕): 황제나 국왕의 총칭	
064	友 벗 우 一 ナ 方 友	友 ㄧㄡˇ(유)	友 yǒu(유)	友 ゆう(유)
	友 友 友 友		· 友情(우정): 친구와의 정 · 朋友(붕우): 친구	

	한국 한자	중국 번체자	중국 간체자	일본 약자
065	支	支	支	支
	지탱할 **지**	业ㄓ(즈)	zhī(즈)	し(시)
	一 十 ㄓ 支			
	支　支　支　支			• 支持(지지): 붙들어서 버티는 것 • 依支(의지): 다른 것에 몸을 기댐
066	片	片	片	片
	조각 **편**	ㄆㄧㄢˋ(피엔)	piàn(피엔)	へん(헨)
	丿 丿′ 广 片			
	片　片　片　片			• 片面(편면): 한쪽 면 • 破片(파편): 깨어진 조각
067	木	木	木	木
	나무 **목**	ㄇㄨˋ(무)	mù(무)	もく(모쿠)
	一 十 才 木			
	木　木　木　木			• 木材(목재): 나무로 된 재료 • 草木(초목): 풀과 나무
068	引	引	引	引
	끌 **인**	ㄧㄣˇ(인)	yǐn(인)	いん(인)
	ㄱ ㄱ 弓 引			
	引　引　引　引			• 引上(인상): 물건값을 올림 • 誘引(유인): 꾀어 냄

	한국 한자	중국 번체자	중국 간체자	일본 약자
069	止 그칠 **지** 丨 ㅏ ㅑ 止	止 业ˇ(즈)	止 zhǐ(즈)	止 し(시)
	止 止 止 止			• 止水(지수): 흐르지 않고 괴어 있는 물 • 沮止(저지): 막아서 그치게 함
070	父 아비 **부** ˊ ˋ ㅅ 夕 父	父 ㄷㄨˋ(푸)	父 fù(푸)	父 ふ(후)
	父 父 父 父			• 父母(부모): 아버지와 어머니 • 神父(신부): 천주교의 사목자
071	尺 자 **척** ㄱ ㄱ ㄹ 尺	尺 彳ˇ(츠)	尺 chǐ(츠)	尺 しゃく(샤쿠)
	尺 尺 尺 尺			• 尺度(척도): 계량의 표준 • 咫尺(지척): 아주 가까운 거리
072	午 낮 **오** ˊ ˋ ㅡ 午	午 ㄨˇ(우)	午 wǔ(우)	午 ご(고)
	午 午 午 午			• 午餐(오찬): 잘 차린 점심 • 正午(정오): 낮 열두 시

	한국 한자	중국 번체자	중국 간체자	일본 약자
073	牛 소 우 ⟨ノ 一 二 牛 ⟩	牛 ㄋㄧㄡˊ(뉴)	牛 niú(뉴)	牛 うし(우시)
	牛　牛　牛　牛			• 牛乳(우유): 소의 젖 • 韓牛(한우): 한국 재래종의 소
074	戶 집 호 ⟨ㆍ ㄱ ㅋ 戶 ⟩	戶 ㄏㄨˋ(후)	戶 hù(후)	戸 こ(고)
	戶　戶　戶　戶			• 戶主(호주): 한 집안의 주인 • 門戶(문호): 외부와 연락하는 문
075	氏 성씨 씨 ⟨ノ 厂 𠂆 氏 ⟩	氏 ㄕˋ(스)	氏 shì(스)	氏 し(시)
	氏　氏　氏　氏			• 氏譜(씨보): 씨족의 계보 • 姓氏(성씨): 성을 높여 부르는 말
076	井 우물 정 ⟨一 二 ㄐ 井 ⟩	井 ㄐㄧㄥˇ(징)	井 jǐng(징)	井 せい(세이)
	井　井　井　井			• 井華水(정화수): 첫새벽에 길은 우물물 • 市井(시정): 인가가 모인 거리

	한국 한자	중국 번체자	중국 간체자	일본 약자
077	丹	丹	丹	丹
	붉을 **단**	ㄉㄢˉ(단)	dān(단)	たん(단)
	丿 冂 冂 丹			
	丹 丹 丹 丹	• 丹青(단청): 여러 빛깔로 무늬를 그림 • 黑牡丹(흑모란): 자흑색의 모란꽃		
078	仁	仁	仁	仁
	어질 **인**	ㄖㄣˊ(런)	rén(런)	じん(진)
	丿 亻 仁 仁			
	仁 仁 仁 仁	• 仁慈(인자): 어질고 사랑하는 마음 • 成仁(성인): 인을 이룸, 덕을 갖춤		
079	凶	凶	凶	凶
	흉할 **흉**	ㄒㄩㄥˉ(숭)	xiōng(숭)	きょう(교)
	丿 㐅 凶 凶			
	凶 凶 凶 凶	• 凶惡(흉악): 성질이 거칠고 사나움 • 吉凶(길흉): 좋은 일과 언짢은 일		
080	匹	匹	匹	匹
	짝 **필**	ㄆㄧˇ(피)	pǐ(피)	ひつ(히쓰)
	一 丆 兀 匹			
	匹 匹 匹 匹	• 匹敵(필적): 걸맞아서 견줄 만함 • 配匹(배필): 부부가 될 짝		

	한국 한자	중국 번체자	중국 간체자	일본 약자
081	犬 개 **견** 一 ナ 大 犬 犬	犬 ㄑㄩㄢˇ(취안)	犬 quǎn(취안)	犬 けん(겐)
	犬 犬 犬 犬		• 犬馬(견마): 개와 말, 자신을 낮춘 말 • 忠犬(충견): 주인에게 충실한 개	
082	他 남 **타** ノ イ 仁 仲 他	他 ㄊㄚˉ(타)	他 tā(타)	他 た(다)
	他 他 他 他		• 他鄕(타향): 고향 아닌 객지 • 排他(배타): 남을 반대하여 내침	
083	以 써 **이** ㅣ ㄴ ㄴˊ 以 以	以 ㄧˇ(이)	以 yǐ(이)	以 い(이)
	以 以 以 以		• 以來(이래): 그러한 뒤로 • 所以(소이): 그렇게 된 까닭	
084	可 옳을 **가** 一 一 一 口 可	可 ㄎㄜˇ(커)	可 kě(커)	可 か(가)
	可 可 可 可		• 可能(가능): 할 수 있음 • 不可(불가): 옳지 않음, 안 됨	

	한국 한자	중국 번체자	중국 간체자	일본 약자
085	生	生	生	生
	날 생	ㄕㄥ¯(성)	shēng(성)	しょう(쇼)
	ノ ／ ┌ 牛 生			
	生　生　生　生		• 生命(생명): 목숨 • 誕生(탄생): 사람이 태어남	
086	出	出	出	出
	날 출	ㄔㄨ¯(추)	chū(추)	しゅつ(슈쓰)
	｜ 屮 屮 出 出			
	出　出　出　出		• 出生(출생): 사람이 태어남 • 輸出(수출): 실어서 내보냄	
087	主	主	主	主
	주인 주	ㄓㄨˇ(주)	zhǔ(주)	しゅ(슈)
	丶 亠 三 主 主			
	主　主　主　主		• 主人(주인): 한 집안의 책임자 • 所有主(소유주): 무엇을 가진 사람	
088	用	用	用	用
	쓸 용	ㄩㄥˋ(융)	yòng(융)	よう(요)
	ノ 刀 月 月 用			
	用　用　用　用		• 用水(용수): 쓰는 물 • 作用(작용): 만들어 쓰게함	

	한국 한자	중국 번체자	중국 간체자	일본 약자
089	去	去	去	去
	갈 거	ㄑㄩˋ(취)	qù(취)	きょ(교)
	一 十 土 去 去			
	去　去　去　去		• 去來(거래): 주고 받음 • 收去(수거): 거두어 감	
090	民	民	民	民
	백성 민	ㄇㄧㄣˊ(민)	mín(민)	みん(민)
	ㄱ ㄱ �尸 尸 民			
	民　民　民　民		• 民生(민생): 백성의 생활 • 農民(농민): 농사 짓는 백성	
091	本	本	本	本
	근본 본	ㄅㄣˇ(번)	běn(번)	ほん(혼)
	一 十 才 木 本			
	本　本　本　本		• 本格(본격): 근본에 맞는 규격 • 根本(근본): 사물의 생겨나는 뿌리	
092	外	外	外	外
	바깥 외	ㄨㄞˋ(와이)	wài(와이)	がい(가이)
	ノ ク タ 列 外			
	外　外　外　外		• 外國(외국): 다른 나라 • 除外(제외): 범위 밖에 둠	

	한국 한자	중국 번체자	중국 간체자	일본 약자
093	加	加	加	加
	더할 **가**	ㄐㄧㄚˉ(쟈)	jiā(쟈)	か(가)
	ㄱ 力 加 加 加			
	加　加　加　加		• 加害(가해): 남에게 해를 줌 • 增加(증가): 더하여 많아짐	
094	四	四	四	四
	넉 **사**	ㄙˋ(쓰)	sì(쓰)	し(시)
	ㅣ 冂 冂 四 四			
	四　四　四　四		• 四面(사면): 사방의 면 • 四季(사계): 한해의 사계절	
095	正	正	正	正
	바를 **정**	ㄓㄥˋ(정)	zhèng(정)	せい(세이)
	一 丁 下 正 正			
	正　正　正　正		• 正當(정당): 바르고 옳음 • 嚴正(엄정): 엄하고 바름	
096	由	由	由	由
	말미암을 **유**	ㄧㄡˊ(유)	yóu(유)	ゆ(유)
	ㅣ 冂 日 由 由			
	由　由　由　由		• 由來(유래): 사물의 내력 • 事由(사유): 일의 까닭	

	한국 한자	중국 번체자	중국 간체자	일본 약자
097	平	平	平	平
	평평할 **평**	ㄆㄧㄥˊ(핑)	píng(핑)	へい(헤이)
	一 ㄏ ㄗ 立 平			
	平 平 平 平		• 平坦(평탄): 지면이 넓고 평평함 • 公平(공평): 기울지 않고 공정함	
098	代	代	代	代
	대신할 **대**	ㄉㄞˋ(다이)	dài(다이)	たい(다이)
	ノ イ 仁 代 代			
	代 代 代 代		• 代替(대체): 다른 것으로 바꿈 • 現代(현대): 지금의 시대	
099	白	白	白	白
	흰 **백**	ㄅㄞˊ(바이)	bái(바이)	はく(하쿠)
	ノ ㇀ 白 白 白			
	白 白 白 白		• 白壽(백수): 99세 • 蒼白(창백): 푸른기가 있고 해쓱함	
100	立	立	立	立
	설 **립**	ㄌㄧˋ(리)	lì(리)	りつ(리쓰)
	丶 亠 亣 立 立			
	立 立 立 立		• 立志(입지): 뜻을 세움 • 而立(이립): 30세를 일컬음	

	한국 한자	중국 번체자	중국 간체자	일본 약자
101	打 칠 **타** 一 十 扌 扌 打 打 打 打 打	打 ㄅㄚˇ(다)	打 dǎ(다)	打 だ(다) ・打殺(타살): 때려서 죽임 ・毆打(구타): 사람을 때리고 침
102	北 북녘 **북** 丨 丬 寸 扌 北 北 北 北 北	北 ㄅㄟˇ(베이)	北 běi(베이)	北 ほく(호쿠) ・北極(북극): 북쪽 끝의 지방 ・江北(강북): 강의 북쪽 지방
103	世 세상 **세** 一 十 卅 卅 世 世 世 世 世	世 ㄕˋ(스)	世 shì(스)	世 せい(세이) ・世界(세계): 지구속의 각 나라 ・別世(별세): 세상을 떠남
104	必 반드시 **필** 丶 丿 必 必 必 必 必 必 必	必 ㄅㄧˋ(비)	必 bì(비)	必 ひつ(히쓰) ・必需(필수): 없어서는 안 됨 ・期必(기필): 꼭 이루기를 기약함

	한국 한자	중국 번체자	중국 간체자	일본 약자
105	目	目	目	目
	눈 목	ㄇㄨˋ(무)	mù(무)	もく(모쿠)
	｜ ∏ ∏ 月 目			
	目　目　目　目			• 目擊(목격): 직접 눈으로 봄 • 注目(주목): 시선을 모아 봄
106	市	市	市	市
	저자 시	ㄕˋ(스)	shì(스)	し(시)
	` 亠 亠 产 市			
	市　市　市　市			• 市販(시판): 시장에서 판매함 • 出市(출시): 상품을 시장에 내놓음
107	且	且	且	且
	또 차	ㄑ丨ㄝˇ(체)	qiě(체)	しょ(쇼)
	｜ ∏ 月 月 且			
	且　且　且　且			• 且置(차치): 미루어 문제삼지 않음 • 苟且(구차): 가난하고 궁색함
108	布	布	布	布
	베 포	ㄅㄨˋ(부)	bù(부)	ふ(후)
	一 ナ ナ 右 布			
	布　布　布　布			• 布告(포고): 일반에게 널리 알림 • 宣布(선포): 세상에 널리 펴 알림

	한국 한자	중국 번체자	중국 간체자	일본 약자
109	石	石	石	石
	돌 **석**	ㄕˊ(스)	shí(스)	せき(세키)
	一 ㄱ ㄱ 石 石			
	石　石　石　石		• 石塔(석탑): 돌로 쌓은 탑 • 怪石(괴석): 괴상하게 생긴 돌	
110	母	母	母	母
	어미 **모**	ㄇㄨˇ(무)	mǔ(무)	ぼ(보)
	ㄴ �959 母 母 母			
	母　母　母　母		• 母校(모교): 자기가 졸업한 학교 • 老母(노모): 늙은 어머니	
111	未	未	未	未
	아닐 **미**	ㄨㄟˋ(웨이)	wèi(웨이)	み(미)
	一 二 キ 才 未			
	未　未　未　未		• 未盡(미진): 아직 다하지 못함 • 未熟(미숙): 열매가 채 익지 못함	
112	半	半	半	半
	반 **반**	ㄅㄢˋ(반)	bàn(반)	はん(한)
	′ ヽ ソ 丷 半 半			
	半　半　半　半		• 半白(반백): 백발 • 過半(과반): 반이 더 됨	

	한국 한자	중국 번체자	중국 간체자	일본 약자
113	示	示	示	示
	보일 **시**	ㄕˋ(스)	shì(스)	し(시)
	一 二 于 示 示			
	示　示　示　示		・示唆(시사): 미리 암시하여 일러줌 ・誇示(과시): 뽐내어 보임
114	古	古	古	古
	옛 **고**	ㄍㄨˇ(구)	gǔ(구)	こ(고)
	一 十 十 古 古			
	古　古　古　古		・古典(고전): 옛날 의식이나 법식 ・上古(상고): 퍽 오랜 옛날
115	史	史	史	史
	역사 **사**	ㄕˇ(스)	shǐ(스)	し(시)
	丶 口 口 史 史			
	史　史　史　史		・史家(사가): 역사에 정통한 사람 ・歷史(역사): 사물이 발전해 온 자취
116	失	失	失	失
	잃을 **실**	ㄕ(스)	shī(스)	しつ(시쓰)
	丿 ㅗ 二 失 失			
	失　失　失　失		・失望(실망): 희망을 잃어버림 ・損失(손실): 손해를 봄

	한국 한자	중국 번체자	중국 간체자	일본 약자
117	功 공 공 一 丁 工 功 功	功 《メム⁻(궁)	功 gōng(궁)	功 こう(고)
	功 功 功 功		・功過(공과): 공로와 과실 ・成功(성공): 뜻한 것이 이루어짐	
118	田 밭 전 丨 冂 円 甲 田	田 ㄊㄧㄢˊ(톈)	田 tián(톈)	田 でん(덴)
	田 田 田 田		・田園(전원): 논밭과 동산 ・油田(유전): 석유가 나는 곳	
119	皮 가죽 피 丿 厂 广 皮 皮	皮 ㄆㄧˊ(피)	皮 pí(피)	皮 ひ(히)
	皮 皮 皮 皮		・皮膚(피부): 척추동물 몸의 외피 ・牛皮(우피): 소의 가죽	
120	令 거느릴 령 丿 人 ᐱ 今 令	令 ㄌㄧㄥˋ(링)	令 lìng(링)	令 れい(레이)
	令 令 令 令		・令尊(영존): 남의 아버지를 높임 ・指令(지령): 지휘 명령	

	한국 한자	중국 번체자	중국 간체자	일본 약자
121 左	左	左	左	左
	왼 **좌**	ㄗㄨㄛˇ(쭤)	zuǒ(쭤)	さ(사)
	一 ナ 左 左 左			
	左 左 左 左		• 左翼(좌익): 급진적·과격적 경향 • 極左(극좌): 극단적인 좌익 사상	
122 句	句	句	句	句
	글귀 **구**	ㄐㄩˋ(쥐)	jù(쥐)	く(구)
	ノ ㄅ 勹 句 句			
	句 句 句 句		• 句節(구절): 한 토막의 말이나 글 • 佳句(가구): 잘 지은 글귀	
123 右	右	右	右	右
	오른쪽 **우**	ㄧㄡˋ(유)	yòu(유)	う(우)
	一 ナ ナ 右 右			
	右 右 右 右		• 右翼(우익): 보수파, 우파 • 極右(극우): 극단적인 우익 사상	
124 玉	玉	玉	玉	玉
	구슬 **옥**	ㄩˋ(위)	yù(위)	ぎょく(교쿠)
	一 二 干 王 玉			
	玉 玉 玉 玉		• 玉石(옥석): 옥과 돌 • 白玉(백옥): 흰 옥	

	한국 한자	중국 번체자	중국 간체자	일본 약자

125

한국 한자	중국 번체자	중국 간체자	일본 약자
冬	冬	冬	冬
겨울 동	ㄉㄨㄥˉ(둥)	dōng(둥)	とう(도)

ノ ク 夂 冬 冬

| 冬 | 冬 | 冬 | 冬 |

- 冬期(동기): 겨울, 동절(冬節)
- 嚴冬(엄동): 혹독하게 추운 겨울

126

한국 한자	중국 번체자	중국 간체자	일본 약자
兄	兄	兄	兄
맏 형	ㄒㄩㄥˉ(슝)	xiōng(슝)	けい(게이)

丶 ㄇ ㅁ ㅁ 尸 兄

| 兄 | 兄 | 兄 | 兄 |

- 兄夫(형부): 언니의 남편
- 妻兄(처형): 아내의 언니

127

한국 한자	중국 번체자	중국 간체자	일본 약자
永	永	永	永
길 영	ㄩㄥˇ(융)	yǒng(융)	えい(에이)

丶 ㄌ 㐅 永 永

| 永 | 永 | 永 | 永 |

- 永劫(영겁): 영원한 세월
- 永久(영구): 끝없이 오래 걸림

128

한국 한자	중국 번체자	중국 간체자	일본 약자
甲	甲	甲	甲
갑옷 갑	ㄐㄧㄚˇ(쟈)	jiǎ(쟈)	こう(고)

丨 ㄇ 冂 日 日 甲

| 甲 | 甲 | 甲 | 甲 |

- 鐵甲(철갑): 쇠로 만든 갑옷
- 同甲(동갑): 같은 나이

	한국 한자	중국 번체자	중국 간체자	일본 약자
129	末 끝 말 一 二 キ 末 末 末 末 末 末	末 ㄇㄛˋ(모)	末 mò(모)	末 まつ(마쓰)
		• 末日(말일): 그 달의 마지막 날 • 週末(주말): 주일의 끝		
130	瓦 기와 **와** 一 厂 瓦 瓦 瓦 瓦 瓦 瓦 瓦	瓦 ㄨㄚˇ(와)	瓦 wǎ(와)	瓦 が(가)
		• 靑瓦臺(청와대): 대통령 관저 • 煉瓦(연와): 벽돌		
131	巨 클 거 一 厂 厂 戶 巨 巨 巨 巨 巨	巨 ㄐㄩˋ(쥐)	巨 jù(쥐)	巨 きょ(교)
		• 巨大(거대): 엄청나게 큼 • 巨創(거창): 사물이 엄청나게 큰 것		
132	幼 어릴 유 ㄥ ㄠ ㄠ 幺 幻 幼 幼 幼 幼 幼	幼 丨ㄡˋ(유)	幼 yòu(유)	幼 よう(요)
		• 幼兒(유아): 어린아이 • 長幼(장유): 어른과 어린이		

	한국 한자	중국 번체자	중국 간체자	일본 약자
133	甘 달 **감** 一 十 卄 甘 甘	甘 ㄍㄢˉ(간)	甘 gān(간)	甘 かん(간)
				• 甘受(감수): 군말 없이 달게 받음 • 甘味(감미): 단맛
134	仙 신선 **선** 丿 亻 亻 仙 仙	仙 ㄒㄧㄢˉ(센)	仙 xiān(센)	仙 せん(센)
				• 仙界(선계): 신선의 세계 • 天仙(천선): 하늘에 있다는 신선
135	申 펼 **신** 丨 冂 冂 日 申	申 ㄕㄣˉ(선)	申 shēn(선)	申 しん(신)
				• 申請(신청): 신고하여 청구함 • 追申(추신): 뒤에 덧붙여 말함
136	冊 책 **책** 丨 冂 冊 冊 冊	冊 ㄘㄜˋ(처)	册 cè(처)	冊 さつ(사쓰)
				• 冊床(책상): 글씨를 쓰는 데 받치는 상 • 空冊(공책): 필기장

	한국 한자	중국 번체자	중국 간체자	일본 약자
137	丙	丙	丙	丙
	밝을 **병**	ㄅㄧㄥˇ(빙)	bǐng(빙)	へい(헤이)
	一 厂 丙 丙 丙			
	丙 丙 丙 丙		• 丙夜(병야): 밤 11시부터 1시 사이 • 付丙(부병): 불살라 버림	
138	在	在	在	在
	있을 **재**	ㄗㄞˋ(짜이)	zài(짜이)	ざい(자이)
	一 ナ 才 矛 在 在			
	在 在 在 在		• 在位(재위): 임금의 자리에 있음 • 存在(존재): 현존하여 있음	
139	有	有	有	有
	있을 **유**	ㄧㄡˇ(유)	yǒu(유)	ゆう(유)
	一 ナ 才 右 有 有			
	有 有 有 有		• 有利(유리): 이익이 있음 • 保有(보유): 간직하고 있음	
140	地	地	地	地
	땅 **지**	ㄉㄧˋ(디)	dì(디)	じ(지)
	一 十 土 圠 圸 地			
	地 地 地 地		• 地方(지방): 어느 방면의 땅 • 敷地(부지): 건축물 등에 쓰이는 땅	

	한국 한자	중국 번체자	중국 간체자	일본 약자
141	全	全	全	全
	온전 전	ㄑㄩㄢˊ(취안)	quán(취안)	ぜん(젠)
	ノ 入 仝 全 仐 全			
	全　全　全　全	• 全般(전반): 통틀어 모두 • 完全(완전): 부족이나 흠이 없음		
142	年	年	年	年
	해 년	ㄋㄧㄢˊ(녠)	nián(녠)	ねん(넨)
	ノ 仁 仁 仨 年			
	年　年　年　年	• 年歲(연세): 나이의 높임말 • 昨年(작년): 지난 해		
143	多	多	多	多
	많을 다	ㄉㄨㄛˉ(둬)	duō(둬)	た(다)
	ノ ク タ 夕 多 多			
	多　多　多　多	• 多數(다수): 수효가 많음 • 過多(과다): 너무 많음		
144	自	自	自	自
	스스로 자	ㄗˋ(쯔)	zì(쯔)	じ(지)
	´ 亻 ㆍ 自 自 自			
	自　自　自　自	• 自身(자신): 제 몸 • 獨自(독자): 저 혼자		

	한국 한자	중국 번체자	중국 간체자	일본 약자
145	好	好	好	好
	좋을 **호**	ㄏㄠˇ(하오)	hǎo(하오)	こう(고)
	くく女女好好			
	好 好 好 好		· 好轉(호전): 일이 잘 되어 가기 시작함 · 選好(선호): 여럿 중 가려 좋아함	
146	行	行	行	行
	다닐 **행**	ㄒㄧㄥˊ(싱)	xíng(싱)	こう(고)
	ノケイ彳行行			
	行 行 行 行		· 行爲(행위): 사람이 행하는 짓 · 遂行(수행): 계획한 대로 해 냄	
147	同	同	同	同
	같을 **동**	ㄊㄨㄥˊ(퉁)	tóng(퉁)	どう(도)
	丨冂冂同同同			
	同 同 同 同		· 同時(동시): 같은 시간 · 共同(공동): 여러 사람이 일을 같이 함	
148	成	成	成	成
	이룰 **성**	彳ㄥˊ(청)	chéng(청)	せい(세이)
	ノ厂厅成成成			
	成 成 成 成		· 成功(성공): 뜻한 것이 이루어짐 · 完成(완성): 완전히 다 이룸	

	한국 한자	중국 번체자	중국 간체자	일본 약자

149

한국 한자	중국 번체자	중국 간체자	일본 약자
如	如	如	如
같을 여	ㄖㄨˊ(루)	rú(루)	じょ(조)

ㄑ ㄑ 女 如 如 如

如	如	如	如

- 如實(여실): 시실과 꼭 같음
- 缺如(결여): 빠져서 없거나 모자람

150

한국 한자	중국 번체자	중국 간체자	일본 약자
老	老	老	老
늙을 로	ㄌㄠˇ(라오)	lǎo(라오)	ろう(로)

ˋ 十 土 耂 耂 老

老	老	老	老

- 老人(노인): 나이가 많은 사람
- 敬老(경로): 노인을 공경함

151

한국 한자	중국 번체자	중국 간체자	일본 약자
因	因	因	因
인할 인	ㄧㄣˉ(인)	yīn(인)	いん(인)

丨 冂 冋 冈 因 因

因	因	因	因

- 因果(인과): 원인과 결과
- 原因(원인): 어떤 일의 근본이 되는 까닭

152

한국 한자	중국 번체자	중국 간체자	일본 약자
向	向	向	向
향할 향	ㄒㄧㄤˋ(상)	xiàng(상)	こう(고)

ˊ 亻 冂 向 向 向

向	向	向	向

- 向後(향후): 이 다음
- 方向(방향): 어떤 곳을 향한 쪽

	한국 한자	중국 번체자	중국 간체자	일본 약자
153	合 합할 **합** ノ 人 스 수 合 合	合 厂さ´(허)	合 hé(허)	合 ごう(고)
	合　合　合　合			• 合意(합의): 서로 뜻이 맞음 • 統合(통합): 둘 이상을 하나로 합침
154	各 따로 **각** ノ ク 夂 冬 各 各	各 《さ`(거)	各 gè(거)	各 かく(가쿠)
	各　各　各　各			• 各種(각종): 온갖 종류 • 各各(각각): 따로따로
155	百 일백 **백** 一 丆 丆 万 百 百	百 ㄅㄞˇ(바이)	百 bǎi(바이)	百 ひゃく(햐쿠)
	百　百　百　百			• 百貨(백화): 여러 가지 상품이나 재화 • 半百(반백): 백의 절반
156	西 서녘 **서** 一 丆 丆 両 西 西	西 ㄒㄧ¯(시)	西 xī(시)	西 さい(사이)
	西　西　西　西			• 西方(서방): 서쪽 지방 • 東西(동서): 동쪽과 서쪽

	한국 한자	중국 번체자	중국 간체자	일본 약자
157	回	回	回	回
	돌아올 **회**	ㄏㄨㄟˊ(후이)	huí(후이)	かい(가이)
	ㅣ 冂 冂 冋 同 回			
	回 回 回 回		• 回生(회생): 다시 살아나는 것 • 挽回(만회): 바로잡아 회복함	
158	次	次	次	次
	버금 **차**	ㄘˋ(츠)	cì(츠)	じ(지)
	丶 冫 冫 次 次 次			
	次 次 次 次		• 次男(차남): 둘째 아들 • 再次(재차): 두 번째	
159	先	先	先	先
	먼저 **선**	ㄒㄧㄢ⁻(셴)	xiān(셴)	せん(셴)
	丿 ⺧ 牛 生 步 先			
	先 先 先 先		• 先祖(선조): 먼 윗대의 조상 • 優先(우선): 다른 것보다 앞섬	
160	名	名	名	名
	이름 **명**	ㄇㄧㄥˊ(밍)	míng(밍)	めい(메이)
	丿 ク 夕 夕 名 名			
	名 名 名 名		• 名聲(명성): 세상에 떨친 이름 • 有名(유명): 이름이 널리 알려져 있음	

	한국 한자	중국 번체자	중국 간체자	일본 약자
161	再 다시 **재** 一 厂 丌 厅 再 再	再 ㄗㄞˋ(짜이)	再 zài(짜이)	再 さい(사이)
	再　再　再　再	· 再開(재개): 다시 시작함 · 再起(재기): 다시 일어남		
162	安 편안할 **안** 丶 丷 宀 安 安 安	安 ㄢˉ(안)	安 ān(안)	安 あん(안)
	安　安　安　安	· 安保(안보): 편안히 보전함 · 不安(불안): 마음이 조마조마함		
163	共 함께 **공** 一 十 卄 뀨 共 共	共 《ㄨㄥˋ(궁)	共 gòng(궁)	共 きょう(교)
	共　共　共　共	· 共通(공통): 어느 것에나 통용됨 · 共有(공유): 공동으로 소유함		
164	光 빛 **광** 丨 丿 㔾 屵 业 光 光	光 《ㄨㄤˉ(광)	光 guāng(광)	光 こう(고)
	光　光　光　光	· 光明(광명): 밝고 환함 · 月光(월광): 달에서 비쳐 오는 빛		

	한국 한자	중국 번체자	중국 간체자	일본 약자
165	至	至	至	至
	이를 **지**	뽀ˋ(즈)	zhì(즈)	し(시)
	一 丆 죠 즈 즈 至 至			
	至 至 至 至		• 至尊(지존): 더없이 존귀함 • 冬至(동지): 24절기의 하나	
166	收	收	收	收
	거둘 **수**	尸又ˉ(서우)	shōu(서우)	しゅう(슈)
	ㄱ 丩 收 收 收 收			
	收 收 收 收		• 收斂(수렴): 돈 따위를 거두어들임 • 撤收(철수): 걷어치움	
167	交	交	交	交
	사귈 **교**	丩丨幺ˉ(자오)	jiāo(자오)	こう(고)
	、 亠 六 六 方 交			
	交 交 交 交		• 交通(교통): 서로 오고 감 • 外交(외교): 다른 나라와 관계 맺는 일	
168	字	字	字	字
	글자 **자**	尸ˋ(쯔)	zì(쯔)	じ(지)
	、 宀 宀 宁 字 字			
	字 字 字 字		• 字句(자구): 문자와 어구, 자귀(字句) • 文字(문자): 글자	

	한국 한자	중국 번체자	중국 간체자	일본 약자
	米	米	米	米
169	쌀 미	ㄇㄧˇ(미)	mǐ(미)	まい(마이)
	`丶丶丷⺌半米米`			
	米 米 米 米			• 米作(미작): 벼농사 • 白米(백미): 흰 쌀
	色	色	色	色
170	빛 색	ㄙㄜˋ(써)	sè(써)	しょく(쇼쿠)
	`丿⺈⺈⺈色色`			
	色 色 色 色			• 色彩(색채): 빛깔 • 丹色(단색): 붉은색
	式	式	式	式
171	법 식	ㄕˋ(스)	shì(스)	しき(시키)
	`一二三式式式`			
	式 式 式 式			• 式前(식전): 식을 거행하기 전 • 形式(형식): 겉으로 드러나는 격식
	死	死	死	死
172	죽을 사	ㄙˇ(쓰)	sǐ(쓰)	し(시)
	`一厂歹歹死死`			
	死 死 死 死			• 死亡(사망): 죽음 • 生死(생사): 삶과 죽음

	한국 한자	중국 번체자	중국 간체자	일본 약자
173	早	早	早	早
	이를 **조**	ㄗㄠˇ(짜오)	zǎo(짜오)	そう(소)
	丨 冂 日 日 旦 早			
	早 早 早 早		• 早期(조기): 어떤 기한이 빨리 옴 • 尙早(상조): 시기상조(時機尙早)	
174	列	列	列	列
	벌일 **렬**	ㄌㄧㄝˋ(례)	liè(례)	れつ(레쓰)
	一 丆 歹 歹 歹 列			
	列 列 列 列		• 列車(열차): 여러 찻간을 이어놓은 차량 • 行列(행렬): 여럿이 줄지어 감	
175	江	江	江	江
	강 **강**	ㄐㄧㄤˉ(장)	jiāng(장)	こう(고)
	丶 冫 氵 氵 汀 江			
	江 江 江 江		• 江南(강남): 강의 남쪽 • 長江(장강): 물 줄기가 길고 큰 강	
176	衣	衣	衣	衣
	옷 **의**	ㄧˉ(이)	yī(이)	い(이)
	丶 亠 ナ 衣 衣 衣			
	衣 衣 衣 衣		• 衣食(의식): 의복과 음식 • 內衣(내의): 속옷	

	한국 한자	중국 번체자	중국 간체자	일본 약자
177	存	存	存	存
	있을 **존**	ㄘㄨㄣˊ(춘)	cún(춘)	そん(손)

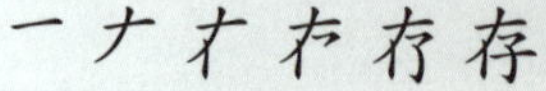

存 存 存 存

- 存續(존속): 계속하여 존재함
- 保存(보전): 보호하여 남아 있게 함

	한국 한자	중국 번체자	중국 간체자	일본 약자
178	忙	忙	忙	忙
	바쁠 **망**	ㄇㄤˊ(망)	máng(망)	ぼう(보)

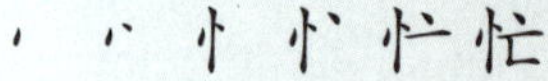

忙 忙 忙 忙

- 忙中(망중): 바쁜 가운데
- 多忙(다망): 매우 바쁨, 공사다망

	한국 한자	중국 번체자	중국 간체자	일본 약자
179	守	守	守	守
	지킬 **수**	ㄕㄡˇ(서우)	shǒu(서우)	しゅ(슈)

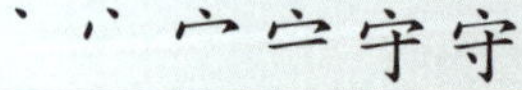

守 守 守 守

- 守護(수호): 지키고 보호함
- 固守(고수): 굳게 지킴

	한국 한자	중국 번체자	중국 간체자	일본 약자
180	充	充	充	充
	가득할 **충**	ㄔㄨㄥˉ(충)	chōng(충)	じゅう(주)

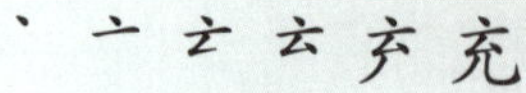

充 充 充 充

- 充實(충실): 충직하고 성실함
- 擴充(확충): 넓혀 충실하게 채움

	한국 한자	중국 번체자	중국 간체자	일본 약자
181	考 생각할 **고**	考 ㄎㄠˇ(카오)	考 kǎo(카오)	考 こう(고)

一 十 土 耂 耂 考

考	考	考	考

- 考察(고찰): 잘 생각해서 살핌
- 思考(사고): 생각하고 궁리함

	한국 한자	중국 번체자	중국 간체자	일본 약자
182	血 피 **혈**	血 ㄒㄩㄝˋ(쉐)	血 xuè(쉐)	血 けつ(게쓰)

ノ ノ 宀 血 血 血

血	血	血	血

- 血液(혈액): 피
- 出血(출혈): 피가 혈관 밖으로 나옴

	한국 한자	중국 번체자	중국 간체자	일본 약자
183	印 도장 **인**	印 ㄧㄣˋ(인)	印 yìn(인)	印 いん(인)

ノ 厂 厂 臣 臼 印

印	印	印	印

- 印章(인장): 도장
- 烙印(낙인): 불에 달궈 찍는 쇠도장

	한국 한자	중국 번체자	중국 간체자	일본 약자
184	肉 고기 **육**	肉 ㄖㄡˋ(러우)	肉 ròu(러우)	肉 にく(니쿠)

丨 冂 内 内 肉 肉

肉	肉	肉	肉

- 肉體(육체): 몸
- 精肉(정육): 뼈를 발라낸 살코기

	한국 한자	중국 번체자	중국 간체자	일본 약자
185	危 위태할 **위** 丿 丿 ㅗ 产 产 危	危 ㄨㄟ¯(웨이)	危 wēi(웨이)	危 キ(기)
	危 危 危 危		· 危機(위기): 위험한 경우 · 安危(안위): 편안함과 위태함	
186	曲 굽을 **곡** 丨 冂 日 冉 曲 曲	曲 ㄑㄩ¯(취)	曲 qū(취)	曲 きょく(교큐)
	曲 曲 曲 曲		· 曲折(곡절): 구부러져 꺾임 · 歪曲(왜곡): 비틀어 곱새김	
187	耳 귀 **이** 一 丁 丌 干 耳 耳	耳 ㄦˇ(얼)	耳 ěr(얼)	耳 じ(지)
	耳 耳 耳 耳		· 耳目(이목): 귀와 눈 · 逆耳(역이): 귀에 거슬림	
188	羊 양 **양** 丶 丷 ㅛ 뽀 르 羊	羊 丨尢ˊ(양)	羊 yáng(양)	羊 よう(요)
	羊 羊 羊 羊		· 羊群岩(양군암): 둥근 바위 무리 · 山羊(산양): 염소	

	한국 한자	중국 번체자	중국 간체자	일본 약자
189	休 쉴 **휴** ノ亻亻什什休	休 ㄒㄧㄡˉ(수)	休 xiū(수)	休 きゅう(규)
	休　休　休　休			• 休日(휴일): 일을 쉬고 노는 날 • 連休(연휴): 휴일이 겹침
190	伐 칠 **벌** ノ亻亻代伐伐	伐 ㄈㄚˊ(파)	伐 fá(파)	伐 ばつ(바쓰)
	伐　伐　伐　伐			• 伐木(벌목): 나무를 벰 • 征伐(정벌): 적을 무력으로써 침
191	竹 대나무 **죽** ノ𠂉𠂉𠂉竹竹	竹 ㄓㄨˊ(주)	竹 zhú(주)	竹 ちく(지쿠)
	竹　竹　竹　竹			• 竹槍(죽창): 대로 만든 창 • 松竹(송죽): 소나무와 대나무
192	吉 길할 **길** 一十士吉吉吉	吉 ㄐㄧˊ(지)	吉 jí(지)	吉 きち(기치)
	吉　吉　吉　吉			• 吉兆(길조): 좋은 조짐 • 不吉(불길): 운수 따위가 길하지 못함

	한국 한자	중국 번체자	중국 간체자	일본 약자
193	伏 엎드릴 **복** ノ　イ　イ　仁　什　伏　伏	伏 ㄈㄨˊ(푸)	伏 fú(푸)	伏 ふく(후쿠)
	伏　伏　伏　伏		• 伏地(복지): 땅에 엎드림 • 屈伏(굴복): 머리를 숙이고 꿇어 엎드림	
194	刑 형벌 **형** 一　二　于　开　开　刑	刑 ㄒㄧㄥˊ(싱)	刑 xíng(싱)	刑 けい(게이)
	刑　刑　刑　刑		• 刑罰(형벌): 범죄자에게 가하는 제재 • 處刑(처형): 형벌에 처함	
195	朱 붉을 **주** ノ　ㅏ　ㅡ　牛　牛　朱	朱 ㄓㄨ(주)	朱 zhū(주)	朱 しゅ(슈)
	朱　朱　朱　朱		• 朱黃(주황): 붉은색을 띤 노랑 • 印朱(인주): 도장 찍는 데 쓰는 붉은 재료	
196	仰 우러를 **앙** ノ　イ　仁　仟　仰　仰	仰 ㄧㄤˇ(양)	仰 yǎng(양)	仰 ぎょう(교)
	仰　仰　仰　仰		• 仰望(앙망): 우러러 바람 • 崇仰(숭앙): 공경하여 우러러봄	

	한국 한자	중국 번체자	중국 간체자	일본 약자
197	舌	舌	舌	舌
	혀 **설**	ㄕㄜˊ(서)	shé(서)	ぜつ(제쓰)
	ノ 二 チ 千 舌 舌			
	舌　舌　舌　舌	· 舌戰(설전): 말다툼 · 毒舌(독설): 모질고 악독스러운 말		
198	宅	宅	宅	宅
	집 **택**	ㄓㄞˊ(자이)	zhái(자이)	たく(다쿠)
	ヽ ハ ウ ウ 空 宅			
	宅　宅　宅　宅	· 宅地(택지): 집터 · 古宅(고택): 지은 지 오래된 집		
199	宇	宇	宇	宇
	집 **우**	ㄩˇ(위)	yǔ(위)	う(우)
	ヽ ハ ウ ウ 宁 宇			
	宇　宇　宇　宇	· 宇宙(우주): 끝없는 공간의 총체 · 屋宇(옥우): 여러 집채		
200	寺	寺	寺	寺
	절 **사**	ㄙˋ(쓰)	sì(쓰)	じ(지)
	一 十 土 士 寺 寺			
	寺　寺　寺　寺	· 寺院(사원): 절이나 암자 · 山寺(산사): 산속에 있는 절		

	한국 한자	중국 번체자	중국 간체자	일본 약자
201	兆	兆	兆	兆
	조 조	ㄓㄠˋ(자오)	zhào(자오)	ちょう(조)
	ノ 丿 丬 爿 北 兆 兆			
	兆　兆　兆　兆		• 兆朕(조짐): 미리 드러나 보이는 현상 • 吉兆(길조): 좋은 일이 있을 징조

	한국 한자	중국 번체자	중국 간체자	일본 약자
202	我	我	我	我
	나 아	ㄨㄛˇ(워)	wǒ(워)	が(가)
	ノ 一 二 チ 手 我 我 我			
	我　我　我　我		• 我軍(아군): 우리 편의 군대 • 彼我(피아): 저편과 이편

	한국 한자	중국 번체자	중국 간체자	일본 약자
203	作	作	作	作
	지을 작	ㄗㄨㄛˋ(쭤)	zuò(쭤)	さく(사쿠)
	ノ イ イ 仁 俨 竹 作 作			
	作　作　作　作		• 作品(작품): 만든 물건 • 始作(시작): 처음으로 함

	한국 한자	중국 번체자	중국 간체자	일본 약자
204	見	見	见	見
	볼 견	ㄐㄧㄢˋ(젠)	jiàn(젠)	けん(겐)
	丨 冂 冂 月 目 貝 見			
	見　見　見　見		• 見解(견해): 보고서 깨달아 앎 • 瞥見(별견): 슬쩍 봄

	한국 한자	중국 번체자	중국 간체자	일본 약자
205	利 이로울 **리** ㄌㄧˋ(리)	利 lì(리)	利 り(리)	利
	ノ 二 千 禾 禾 利 利			
	利 利 利 利	• 利用(이용): 편리하게 씀 • 權利(권리): 권세와 이익		
206	位 벼슬 **위** ㄨㄟˋ(웨이)	位 wèi(웨이)	位 い(이)	位
	ノ イ イ イ 仁 仁 位 位			
	位 位 位 位	• 位置(위치): 자리나 처소, 장소 • 順位(순위): 차례로의 위치		
207	走 달릴 **주** ㄗㄡˇ(쩌우)	走 zǒu(쩌우)	走 そう(소)	走
	一 十 土 キ キ 走 走			
	走 走 走 走	• 走者(주자): 달리는 사람 • 疾走(질주): 빨리 달림		
208	完 완전할 **완** ㄨㄢˊ(완)	完 wán(완)	完 かん(간)	完
	、 丶 宀 宀 宁 宇 完			
	完 完 完 完	• 完工(완공): 공사를 마침 • 補完(보완): 보충하여 온전하게 함		

	한국 한자	중국 번체자	중국 간체자	일본 약자
209	別	別	別	別
	다를 **별**	ㄅㅣㄝˊ(볘)	bié(볘)	べつ(베쓰)
	＇ ㄇ ㅁ ㅋ 另 別 別			
	別 別 別 別		• 別途(별도): 딴 방면이나 방도 • 差別(차별): 차등이 있게 구별함	
210	形	形	形	形
	형상 **형**	ㄒㅣㄥˊ(싱)	xíng(싱)	けい(게이)
	一 二 チ 开 开´ 形 形			
	形 形 形 形		• 形態(형태): 사물의 생김새 • 大形(대형): 물건의 큰 형체	
211	決	決	決	決
	결단할 **결**	ㄐㄩㄝˊ(줴)	jué(줴)	けつ(게쓰)
	＇ ＇ 氵 江 泸 決 決			
	決 決 決 決		• 決定(결정): 마지막으로 작정함 • 解決(해결): 얽힌 일을 풀어 처리함	
212	身	身	身	身
	몸 **신**	ㄕㄣ(선)	shēn(선)	しん(신)
	＇ ＇ ㅓ 自 自 身 身			
	身 身 身 身		• 身體(신체): 사람의 몸 • 代身(대신): 남을 대리 함	

	한국 한자	중국 번체자	중국 간체자	일본 약자
213	改 고칠 **개**	改 《ㄞˇ(가이)	改 gǎi(가이)	改 かい(가이)
	ㄱ ㄱ ㄹ ㄹ ㄹ 改 改			
	改　改　改　改	• 改善(개선): 잘못을 고쳐 좋게 함 • 修改(수개): 수리하여 고침		
214	車 수레 **차(거)**	車 ㄔㄜ⁻(처)	车 chē(처)	車 しゃ(샤)
	ㄧ ㄏ ㄏ ㄕ 日 車 車			
	車　車　車　車	• 車輛(차량): 기차의 한 칸 • 列車(열차): 기차		
215	快 쾌할 **쾌**	快 ㄎㄨㄞˋ(콰이)	快 kuài(콰이)	快 かい(가이)
	' ' ' ㅑ 忄 忄 快 快			
	快　快　快　快	• 快擧(쾌거): 통쾌한 거사 • 愉快(유쾌): 마음이 즐거움		
216	花 꽃 **화**	花 ㄏㄨㄚ⁻(화)	花 huā(화)	花 か(가)
	一 十 十 艹 艹 花 花 花			
	花　花　花　花	• 花草(화초): 꽃이 피는 풀과 나무 • 櫻花(앵화): 앵두나무의 꽃		

	한국 한자	중국 번체자	중국 간체자	일본 약자
217	住	住	住	住
	살 주	ㄓㄨˋ(주)	zhù(주)	じゅう(주)
	ノ イ イ 仁 仁 住 住			
	住　住　住　住		• 住民(주민): 일정 지역에 사는 사람 • 居住(거주): 일정한 곳에서 삶	
218	志	志	志	志
	뜻 지	ㄓˋ(즈)	zhì(즈)	し(시)
	一 十 士 士 志 志 志			
	志　志　志　志		• 志操(지조): 곧은 뜻과 절조 • 意志(의지): 마음, 뜻	
219	每	每	每	每
	매양 매	ㄇㄟˇ(메이)	měi(메이)	まい(마이)
	ノ 一 仁 与 每 每 每			
	每　每　每　每		• 每日(매일): 하루하루의 모든 날 • 每每(매매): 번번이	
220	更	更	更	更
	다시 **갱**/고칠 **경**	ㄍㄥˉ(경)	gēng(경)	こう(고)
	一 一 一 一 百 更 更			
	更　更　更　更		• 更新(갱신): 다시 새로워짐 • 變更(변경): 바꾸어 고침	

	한국 한자	중국 번체자	중국 간체자	일본 약자
221	究 연구할 **구**	究 ㄐㄧㄡˉ(주)	究 jiū(주)	究 きゅう(규)
	` ` 宀 宀 空 究 究			
	究 究 究 究		• 究明(구명): 사리를 궁리하여 밝힘 • 研究(연구): 깊이 조사하여 밝힘
222	近 가까울 **근**	近 ㄐㄧㄣˋ(진)	近 jìn(진)	近 きん(긴)
	` ㄏ ㄈ 斤 斤 斤 近 近			
	近 近 近 近		• 近海(근해): 육지에 가까운 바다 • 側近(측근): 가까이 친한 사람
223	何 어찌 **하**	何 ㄏㄜˊ(허)	何 hé(허)	何 か(가)
	ノ イ 亻 仁 仔 何 何			
	何 何 何 何		• 奈何(내하): 어찌함, 어떻게 • 何如(하여): 어떠함
224	步 걸음 **보**	步 ㄅㄨˋ(부)	步 bù(부)	步 ほ(호)
	` ㅏ ㅑ 止 步 步 步			
	步 步 步 步		• 步武(보무): 활달한 걸음걸이 • 踏步(답보): 제자리에 서서 하는 걸음

	한국 한자	중국 번체자	중국 간체자	일본 약자
225	技	技	技	技
	재주 **기**	ㄐㄧˋ(지)	jì(지)	ぎ(기)
	一 十 才 才 扩 扗 技 技			
	技 技 技 技	• 技巧(기교): 솜씨가 아주 묘함 • 特技(특기): 특별한 기능, 장기		
226	告	告	告	告
	고할 **고**	ㄍㄠˋ(가오)	gào(가오)	こく(고쿠)
	ノ ╯ ╰ ㅄ 止 告 告			
	告 告 告 告	• 告別(고별): 이별을 알림 • 廣告(광고): 세상에 널리 알림		
227	兵	兵	兵	兵
	군사 **병**	ㄅㄧㄥ(빙)	bīng(빙)	へい(헤이)
	一 厂 F 斤 丘 乒 兵			
	兵 兵 兵 兵	• 兵法(병법): 전쟁을 하는 방법 • 士兵(사병): 장교가 아닌 모든 졸병		
228	言	言	言	言
	말씀 **언**	ㄧㄢˊ(옌)	yán(옌)	げん(겐)
	` 一 ᆖ 言 言 言 言			
	言 言 言 言	• 發言(발언): 의견을 나타내는 말 • 證言(증언): 사실을 증명하는 말		

	한국 한자	중국 번체자	중국 간체자	일본 약자
229	低	低	低	低
	낮을 **저**	ㄉㄧ˘(디)	dī(디)	てい(데이)
	ノ イ イ´ 化 仟 低 低			
	低　低　低　低		• 低廉(저렴): 물선값이 쌈 • 最低(최저): 가장 낮음	
230	足	足	足	足
	발 **족**	ㄗㄨˊ(쭈)	zú(쭈)	そく(소쿠)
	丨 ㄇ ㄇ 早 무 昻 足			
	足　足　足　足		• 足跡(족적): 발자취 • 不足(부족): 모자람	
231	角	角	角	角
	뿔 **각**	ㄐㄧㄠ˘(자오)	jiǎo(자오)	かく(가쿠)
	ノ ケ ゲ 角 角 角 角			
	角　角　角　角		• 角度(각도): 각의 크기 • 牛角(우각): 쇠뿔	
232	助	助	助	助
	도울 **조**	ㄓㄨˋ(주)	zhù(주)	じょ(조)
	丨 ㄇ ㄹ 月 且 助 助			
	助　助　助　助		• 助言(조언): 남의 말에 덧붙여 도와줌 • 協助(협조): 힘을 보태어 서로 도움	

	한국 한자	중국 번체자	중국 간체자	일본 약자
233	防 막을 **방** ㆍ ㅈ ㅏ ㅏ ㅏ ㄸ ㄸ 防	防 ㄷㅐˊ(팡)	防 fáng(팡)	防 ぼう(보)
	防　防　防　防			・防寒(방한): 추위를 막음 ・攻防(공방): 공격과 방어
234	希 바랄 **희** ノ メ ㅊ ㅊ ㅊ 希 希	希 ㄒㅣ˜(시)	希 xī(시)	希 き(기)
	希　希　希　希			・希望(희망): 이루고자 하는 바람 ・希願(희원): 앞일에 대한 바람
235	村 마을 **촌** ㅡ ㅓ ㅓ ㅓ ㅓ 村 村	村 ㄘㄨㄣˉ(춘)	村 cūn(춘)	村 そん(손)
	村　村　村　村			・村落(촌락): 촌에 이루어진 부락 ・山村(산촌): 산 속에 있는 마을
236	投 던질 **투** ㅡ ㅓ ㅓ ㅓ ㅓ 投 投	投 ㄊㄡˊ(터우)	投 tóu(터우)	投 とう(도)
	投　投　投　投			・投降(투항): 적에게 항복함 ・暴投(폭투): 포수가 못잡게 던짐

	한국 한자	중국 번체자	중국 간체자	일본 약자
237	弟 아우 **제**	弟 ㄅㄧˋ(디)	弟 dì(디)	弟 てい(데이)
	丶 丷 兰 肖 弟 弟			
	弟　弟　弟　弟		• 弟嫂(제수): 아우의 아내 • 兄弟(형제): 형과 아우	
238	良 어질 **량**	良 ㄌㄧㄤˊ(량)	良 liáng(량)	良 りょう(료)
	丶 ㇊ ㄱ ㅌ 良 良 良			
	良　良　良　良		• 良書(양서): 내용이 좋고 유익한 책 • 改良(개량): 나쁜 점을 고쳐 좋게 함	
239	初 처음 **초**	初 ㄔㄨ(추)	初 chū(추)	初 しょ(쇼)
	丶 ㇇ ㇂ 衤 衤 初 初			
	初　初　初　初		• 初夜(초야): 첫날밤 • 當初(당초): 일이 생긴 처음	
240	均 고를 **균**	均 ㄐㄩㄣ(쥔)	均 jūn(쥔)	均 きん(긴)
	一 十 士 圴 圴 均 均			
	均　均　均　均		• 均衡(균형): 치우침이 없이 고름 • 平均(평균): 중간값	

	한국 한자	중국 번체자	중국 간체자	일본 약자
241	男 사내 **남**	男 ㄋㄢˊ(난)	男 nán(난)	男 だん(단)
	ㅣ 冂 冂 田 田 罗 男			
	男　男　男　男		· 男妹(남매): 오누이 사이 · 美男(미남): 아름답게 생긴 남자
242	判 판단할 **판**	判 ㄆㄢˋ(판)	判 pàn(판)	判 はん(한)
	ˊ ˋ 八 ㅛ 半 半 判			
	判　判　判　判		· 判定(판정): 판단해서 결정함 · 批判(비판): 비평하여 판정함
243	冷 찰 **랭**	冷 ㄌㄥˇ(렁)	冷 lěng(렁)	冷 れい(레이)
	ˋ 冫 冫 冷 冷 冷 冷			
	冷　冷　冷　冷		· 冷却(냉각): 차게 하는 것 · 寒冷(한랭): 춥고 차가움
244	材 재목 **재**	材 ㄘㄞˊ(차이)	材 cái(차이)	材 ざい(자이)
	一 十 才 木 村 材 材			
	材　材　材　材		· 材質(재질): 재목의 질 · 木材(목재): 나무로 된 재료

	한국 한자	중국 번체자	중국 간체자	일본 약자
245	君 임금 군 ㄐㄩㄣˉ(쥔) ㄱ ㅋ ㅋ 尹 尹 君 君	君 jūn(쥔)	君 	君 くん(군)

- 君王(군왕): 임금
- 聖君(성군): 어진 임금

	한국 한자	중국 번체자	중국 간체자	일본 약자
246	困 곤할 곤 ㄎㄨㄣˋ(쿤) 丨 冂 冃 用 困 困 困	困 kùn(쿤)	困 	困 こん(곤)

- 困境(곤경): 곤란한 경우
- 貧困(빈곤): 가난하여 군색함

	한국 한자	중국 번체자	중국 간체자	일본 약자
247	否 아닐 부 ㄈㄡˇ(퍼우) 一 丆 [illegible]furt 不 不 否 否	否 fǒu(퍼우)	否 	否 ひ(히)

- 否認(부인): 인정하지 아니함
- 拒否(거부): 승낙하지 아니함

	한국 한자	중국 번체자	중국 간체자	일본 약자
248	迎 맞을 영 ㄧㄥˊ(잉) 丶 彳 ㄏ 卬 卬 卬 迎 迎	迎 yíng(잉)	迎 	迎 げい(게이)

- 迎入(영입): 맞아들임
- 歡迎(환영): 기쁜 마음으로 맞음

	한국 한자	중국 번체자	중국 간체자	일본 약자
249	吹	吹	吹	吹
	불 **취**	ㄔㄨㄟˉ(추이)	chuī(추이)	すい(스이)
	丨 ㄇ 口 口' 口⺈ 吖 吹			
	吹 吹 吹 吹	• 吹奏(취주): 관악기를 불어 연주함 • 鼓吹(고취): 북을 치고 피리를 붊		
250	私	私	私	私
	사사로울 **사**	ㄙˉ(쓰)	sī(쓰)	し(시)
	丿 二 千 禾 禾 私 私			
	私 私 私 私	• 私人(사인): 개인 자격으로서의 사람 • 公私(공사): 공적인 일과 사적인 일		
251	忘	忘	忘	忘
	잊을 **망**	ㄨㄤˋ(왕)	wàng(왕)	ぼう(보)
	丶 亠 亡 亡 忘 忘 忘			
	忘 忘 忘 忘	• 忘却(망각): 잊어버림 • 未忘(미망): 잊을 수가 없음		
252	序	序	序	序
	차례 **서**	ㄒㄩˋ(쉬)	xù(쉬)	じょ(조)
	丶 亠 广 户 户 序 序			
	序 序 序 序	• 序言(서언): 머리말 • 秩序(질서): 사물의 순서나 차례		

	한국 한자	중국 번체자	중국 간체자	일본 약자
253	佛	佛	佛	仏
	부처 **불**	ㄷㄛˊ(포)	fó(포)	ぶつ(부쓰)
	ノ イ イ´ 仁 佀 佛 佛			
	佛 佛 佛 佛		• 佛道(불도): 부처의 가르침 • 石佛(석불): 돌로 만든 부처	
254	辛	辛	辛	辛
	매울 **신**	ㄒㄧㄣˉ(신)	xīn(신)	しん(신)
	、 ㆍ ㅗ ㅛ 立 立 辛			
	辛 辛 辛 辛		• 辛辣(신랄): 맛이 몹시 쓰고 매움 • 艱辛(간신): 힘들고 고생스러움	
255	尾	尾	尾	尾
	꼬리 **미**	ㄨㄟˇ(웨이)	wěi(웨이)	び(비)
	ㄱ ㄱ 尸 尸 尾 尾 尾			
	尾 尾 尾 尾		• 尾蔘(미삼): 인삼의 잔뿌리 • 語尾(어미): 말의 끝 부분	
256	妙	妙	妙	妙
	묘할 **묘**	ㄇㄧㄠˋ(먀오)	miào(먀오)	みょう(묘)
	ㄴ ㄴ 女 女 如 妙 妙			
	妙 妙 妙 妙		• 妙齡(묘령): 여자의 스물 안팎의 꽃다운 나이 • 巧妙(교묘): 솜씨나 꾀가 재치 있고 약삭빠름	

	한국 한자	중국 번체자	중국 간체자	일본 약자
257	壯	壯	壮	壮
	장할 **장**	ㄓㄨㄤˋ(쫭)	zhuàng(쫭)	そう(소)
	ㅣ ㅓ ㅓ ㅓ ㅓ 壯 壯			
	壯 壯 壯 壯		· 壯觀(장관): 훌륭한 광경 · 宏壯(굉장): 퍽 크고 훌륭함	
258	貝	貝	贝	貝
	조개 **패**	ㄅㄟˋ(베이)	bèi(베이)	ばい(바이)
	ㅣ ㄇ ㄇ 月 目 貝 貝			
	貝 貝 貝 貝		· 貝殼(패각): 조가비 · 魚貝(어패): 물고기와 조개	
259	忍	忍	忍	忍
	참을 **인**	ㅁㄣˇ(런)	rěn(런)	にん(닌)
	ㄱ ㄉ ㄌ 刃 忍 忍 忍			
	忍 忍 忍 忍		· 忍耐(인내): 참고 견딤 · 殘忍(잔인): 인정이 없고 아주 모짊	
260	豆	豆	豆	豆
	콩 **두**	ㄉㄡˋ(더우)	dòu(더우)	とう(도)
	一 一 一 一 一 一 一 豆			
	豆 豆 豆 豆		· 豆腐(두부): 콩으로 만든 음식의 하나 · 赤豆(적두): 붉은 팥	

	한국 한자	중국 번체자	중국 간체자	일본 약자

261

한국 한자	중국 번체자	중국 간체자	일본 약자
秀	秀	秀	秀
빼어날 **수**	ㄒㄧㄡˋ(수)	xiù(수)	しゅう(슈)

一 二 千 禾 禾 秀 秀

| 秀 | 秀 | 秀 | 秀 | • 秀麗(수려): 뛰어나게 아름다움
• 優秀(우수): 여럿 가운데 뛰어남 |

262

한국 한자	중국 번체자	중국 간체자	일본 약자
卵	卵	卵	卵
알 **란**	ㄌㄨㄢˇ(란)	luǎn(란)	らん(란)

ˊ ㄴ ㄷ 卵 卵 卵 卵

| 卵 | 卵 | 卵 | 卵 | • 卵子(난자): 성숙한 난세포
• 魚卵(어란): 물고기의 알 |

263

한국 한자	중국 번체자	중국 간체자	일본 약자
臣	臣	臣	臣
신하 **신**	ㄔㄣˊ(천)	chén(천)	しん(신)

一 丁 丏 丏 丏 臣

| 臣 | 臣 | 臣 | 臣 | • 臣下(신하): 임금을 섬기는 벼슬아치
• 功臣(공신): 나라에 공로가 있는 신하 |

264

한국 한자	중국 번체자	중국 간체자	일본 약자
赤	赤	赤	赤
붉을 **적**	ㄔˋ(츠)	chì(츠)	せき(세키)

一 十 土 走 亦 赤 赤

| 赤 | 赤 | 赤 | 赤 | • 赤道(적도): 위도의 기준이 되는 선
• 黑赤色(흑적색): 검붉은 색 |

	한국 한자	중국 번체자	중국 간체자	일본 약자
265	扶 도울 **부**	扶 ㄷㄨˊ(푸)	扶 fú(푸)	扶 ふ(후)
	一 十 扌 扌 扌 扶 扶			
	扶 扶 扶 扶			• 扶助(부조): 남을 거들어서 도와 줌 • 相扶(상부): 서로 도움
266	孝 효도 **효**	孝 ㄒㄧㄠˋ(사오)	孝 xiào(사오)	孝 こう(고)
	一 十 土 耂 孝 孝 孝			
	孝 孝 孝 孝			• 孝道(효도): 부모를 잘 섬기는 도리 • 不孝(불효): 부모를 학대함
267	姉 손윗누이 **자**	姉 ㄗˇ(쯔)	姉 zǐ(쯔)	姉 し(시)
	乀 ㄑ 女 女 女 妡 姊 姉			
	姉 姉 姉 姉			• 姉妹(자매): 여자 형제 • 長姉(장자): 큰누이
268	的 과녁 **적**	的 ㄉㄧˊ(디)	的 dí(디)	的 てき(데키)
	丿 [illegible]form 亣 白 白 白 的 的			
	的 的 的 的			• 的當(적당): 틀림없이 꼭 들어맞음 • 目的(목적): 실현하려고 하는 일

	한국 한자	중국 번체자	중국 간체자	일본 약자

269				
	來	來	来	来
	올 **래**	ㄌㄞˊ(라이)	lái(라이)	らい(라이)

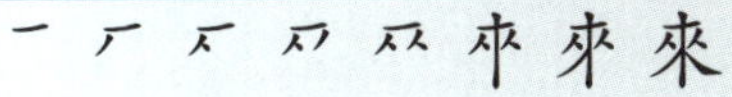

來 來 來 來

- 來年(내년): 올해의 다음 해
- 未來(미래): 아직 오지 않은 때

270				
	和	和	和	和
	화할 **화**	ㄏㄜˊ(허)	hé(허)	わ(와)

和 和 和 和

- 和解(화해): 다툼질을 서로 그치고 풂
- 平和(평화): 평온하고 화목함

271				
	到	到	到	到
	이를 **도**	ㄉㄠˋ(다오)	dào(다오)	とう(도)

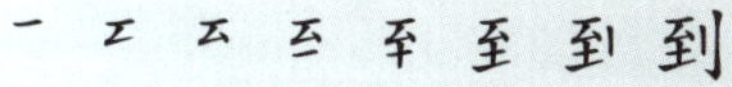

到 到 到 到

- 到着(도착): 목적한 곳에 다다름
- 殺到(쇄도): 세차게 몰려듦

272				
	事	事	事	事
	일 **사**	ㄕˋ(스)	shì(스)	じ(지)

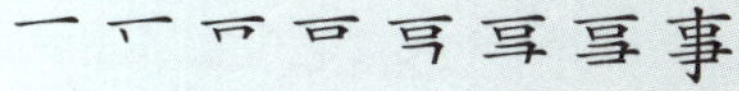

事 事 事 事

- 事情(사정): 일의 형편이나 까닭
- 處事(처사): 일을 처리함

	한국 한자	중국 번체자	중국 간체자	일본 약자
273	所	所	所	所
	바 **소**	ㄙㄨㄛˇ(쒀)	suǒ(쒀)	しょ(쇼)
	ˊ 厂 戶 戶 戶ˊ 所 所 所			
	所 所 所 所		• 所在(소재): 있는 곳 • 業所(업소): 사업을 벌이고 있는 곳	
274	長	長	长	長
	긴 **장**	ㄔㄤˊ(창)	cháng(창)	ちょう(조)
	丨 𠃊 F F E 镸 镸 長			
	長 長 長 長		• 長期(장기): 오랜 기간 • 成長(성장): 사물의 규모가 커짐	
275	法	法	法	法
	법 **법**	ㄈㄚˇ(파)	fǎ(파)	ほう(호)
	丶 丷 氵 氵一 汁 沣 法 法			
	法 法 法 法		• 法案(법안): 법률의 안건 • 手法(수법): 수단과 방법	
276	定	定	定	定
	정할 **정**	ㄉㄧㄥˋ(딩)	dìng(딩)	てい(데이)
	丶 丶 宀 宀 宁 宇 定 定			
	定 定 定 定		• 定期(정기): 정한 기한 또는 기간 • 特定(특정): 특별히 지정함	

	한국 한자	중국 번체자	중국 간체자	일본 약자
277	兩	兩	两	両
	두 량	ㄌㅣ�ㄤˇ(량)	liǎng(량)	りょう(료)
	一 厂 厂 币 币 兩 兩 兩			
	兩　兩　兩　兩	· 兩國(양국): 양쪽의 두 나라 · 千兩(천냥): 한냥의 천 곱절		

	한국 한자	중국 번체자	중국 간체자	일본 약자
278	明	明	明	明
	밝을 **명**	ㄇㄧㄥˊ(밍)	míng(밍)	めい(메이)
	丨 冂 冂 日 日 明 明 明			
	明　明　明　明	· 明確(명확): 명백하고 확실함 · 表明(표명): 드러내 보여서 명백히 함		

	한국 한자	중국 번체자	중국 간체자	일본 약자
279	使	使	使	使
	부릴 **사**	ㄕˇ(사)	shǐ(사)	し(시)
	ノ イ 亻 亻 乍 乍 使 使			
	使　使　使　使	· 使用(사용): 물건을 씀 · 勞使(노사): 노무자와 고용주		

	한국 한자	중국 번체자	중국 간체자	일본 약자
280	物	物	物	物
	만물 **물**	ㄨˋ(우)	wù(우)	ぶつ(부쓰)
	ノ 一 牛 牛 牛 牜 物 物			
	物　物　物　物	· 物質(물질): 물체의 본바탕 · 人物(인물): 사람		

	한국 한자	중국 번체자	중국 간체자	일본 약자
281	知	知	知	知
	알 **지**	ㄓ¯(즈)	zhī(즈)	ち(지)
	丿 𠂉 𠂒 午 矢 矢 知 知			
	知 知 知 知	• 知性(지성): 지혜로운 성품 • 感知(감지): (어떤 일을) 느끼어 아는 것		
282	表	表	表	表
	겉 **표**	ㄅㄧㄠˇ(뱌오)	biǎo(뱌오)	ひょう(효)
	一 二 三 丰 丰 表 表 表			
	表 表 表 表	• 表面(표면): 바깥면 • 地表(지표): 지구의 표면		
283	者	者	者	者
	사람 **자**	ㄓㄜˇ(저)	zhě(저)	しゃ(샤)
	一 十 土 耂 耂 耂 者 者 者			
	者 者 者 者	• 患者(환자): 병을 앓는 사람 • 使者(사자): 심부름하는 사람		
284	兒	兒	儿	児
	아이 **아**	ㄦˊ(얼)	ér(얼)	じ(지)
	丿 亻 𠂇 臼 臼 臼 兒 兒			
	兒 兒 兒 兒	• 兒童(아동): 어린아이 • 嬰兒(영아): 젖먹이		

	한국 한자	중국 번체자	중국 간체자	일본 약자
285	命 목숨 **명**	命 ㄇㄧㄥˋ(밍)	命 mìng(밍)	命 めい(메이)
	ノ 人 亼 亼 合 合 命 命			
	命 命 命 命	• 命令(명령): 윗사람의 분부 • 天命(천명): 타고난 수명		
286	性 성품 **성**	性 ㄒㄧㄥˋ(싱)	性 xìng(싱)	性 せい(세이)
	﹒ ﹒ ﹒ 忄 忄 忄 忖 性 性			
	性 性 性 性	• 性品(성품): 성질과 품격 • 適性(적성): 무엇에 알맞은 성질		
287	果 열매 **과**	果 ㄍㄨㄛˇ(궈)	果 guǒ(궈)	果 か(가)
	丨 冂 日 日 早 甲 果 果			
	果 果 果 果	• 果然(과연): 알고 보니 정말 • 實果(실과): 먹을 수 있는 열매		
288	門 문 **문**	門 ㄇㄣˊ(먼)	门 mén(먼)	門 もん(몬)
	丨 冂 冂 冂 冂 門 門 門			
	門 門 門 門	• 門派(문파): 어떤 종문의 유파 • 名門(명문): 문벌이 좋은 집안		

	한국 한자	중국 번체자	중국 간체자	일본 약자
289	東	東	东	東
	동녘 **동**	ㄉㄨㄥˉ(둥)	dōng(둥)	とう(도)
	一 ㄣ ㄤ 声 声 白 東 東 東			
	東　東　東　東		• 東海(동해): 동쪽의 바다 • 城東(성동): 성의 동쪽	
290	放	放	放	放
	놓을 **방**	ㄈㄤˋ(팡)	fàng(팡)	ほう(호)
	丶 一 亠 方 方 扩 扩 放 放			
	放　放　放　放		• 放置(방치): 그대로 내버려 둠 • 開放(개방): 문 등을 활짝 열어 놓음	
291	官	官	官	官
	벼슬 **관**	ㄍㄨㄢˉ(관)	guān(관)	かん(간)
	丶 丶 宀 宀 宁 宁 官 官			
	官　官　官　官		• 官吏(관리): 관직에 있는 사람 • 長官(장관): 행정 각부의 장	
292	爭	爭	争	争
	다툴 **쟁**	ㄓㄥˉ(정)	zhēng(정)	そう(소)
	丿 丶 丶 爫 爫 爫 争 争 爭			
	爭　爭　爭　爭		• 爭點(쟁점): 서로 다투는 중요한 점 • 紛爭(분쟁): 얼크러져 다툼	

	한국 한자	중국 번체자	중국 간체자	일본 약자
293	取 취할 **취** 一 丁 丁 丁 丏 王 耳 取 取	取 ㄑㄩˇ(취)	取 qǔ(취)	取 しゅ(슈)
	取　取　取　取		• 取得(취득): 자기 소유로 함 • 攝取(섭취): 영양분을 빨아들임	
294	育 기를 **육** 丶 一 亠 𠫔 产 肖 育 育	育 ㄩˋ(위)	育 yù(위)	育 いく(이쿠)
	育　育　育　育		• 育兒(육아): 어린아이를 기름 • 養育(양육): 길러 자라게 함	
295	直 곧을 **직** 一 十 宀 𠂆 古 肖 直 直	直 ㄓˊ(즈)	直 zhí(즈)	直 ちょく(조쿠)
	直　直　直　直		• 直屬(직속): 직접적으로 예속됨 • 垂直(수직): 똑바로 드리운 모양	
296	治 다스릴 **치** 丶 丶 氵 氵 沪 沪 治 治	治 ㄓˋ(즈)	治 zhì(즈)	治 ち(지)
	治　治　治　治		• 治水(치수): 물을 잘 다스림 • 統治(통치): 도맡아 다스림	

	한국 한자	중국 번체자	중국 간체자	일본 약자
297	金	金	金	金
	쇠 금	ㄐㄧㄣˉ(진)	jīn(진)	きん(긴)
	ノ 人 스 合 슦 余 金 金			
	金 金 金 金	• 金屬(금속): 금붙이나 쇠붙이 • 稅金(세금): 조세로서의 돈		
298	受	受	受	受
	받을 수	ㄕㄡˋ(서우)	shòu(서우)	じゅ(주)
	一 ㄱ ㅋ ㄲ ㅉ ㅉ 哭 受 受			
	受 受 受 受	• 受諾(수락): 요구를 받아들여 승낙함 • 甘受(감수): 군말 없이 달게 받음		
299	非	非	非	非
	아닐 비	ㄈㄟˉ(페이)	fēi(페이)	ひ(히)
	ノ ㅓ ㅓ ㅓ ㅓ 非 非 非			
	非 非 非 非	• 非理(비리): 옳은 이치에 어그러짐 • 是非(시비): 옳음과 그름		
300	油	油	油	油
	기름 유	ㄧㄡˊ(유)	yóu(유)	ゆ(유)
	丶 丶 氵 氵 泸 泸 油 油			
	油 油 油 油	• 油價(유가): 석유의 가격 • 産油(산유): 원유를 생산함		

	한국 한자	중국 번체자	중국 간체자	일본 약자
301	林 수풀 **림**	林 ㄌㄧㄣˊ(린)	林 lín(린)	林 りん(린)
	一 十 オ 木 木 栌 杜 林			
	林　林　林　林	• 林野(임야): 나무가 무성한 들 • 森林(삼림): 나무가 많이 우거져 있는 곳		
302	空 빌 **공**	空 ㄎㄨㄥˉ(쿵)	空 kōng(쿵)	空 くう(구)
	丶 丷 宀 宀 宊 空 空 空			
	空　空　空　空	• 空虛(공허): 속이 텅 빔 • 蒼空(창공): 푸른 하늘, 창천		
303	往 갈 **왕**	往 ㄨㄤˇ(왕)	往 wǎng(왕)	往 おう(오)
	丿 夕 彳 彳 彳 行 往 往			
	往　往　往　往	• 往來(왕래): 가고 오고 함 • 旣往(기왕): 이전(以前), 그 전		
304	易 바꿀 **역**/쉬울 **이**	易 ㄧˋ(이)	易 yì(이)	易 い(이)
	丨 冂 冂 日 旦 易 易 易			
	易　易　易　易	• 易學(역학): 주역을 연구하는 학문 • 簡易(간이): 간단하고 쉬움		

	한국 한자	중국 번체자	중국 간체자	일본 약자
305	京	京	京	京
	서울 **경**	ㄐㄧㄥ(징)	jīng(징)	きょう(교)
	`丶 亠 ナ 亡 占 宁 京 京`			
	京 京 京 京		・京鄕(경향): 서울과 지방 ・上京(상경): 시골에서 서울로 올라옴	
306	服	服	服	服
	옷 **복**	ㄈㄨˊ(푸)	fú(푸)	ふく(후쿠)
	`丿 刀 月 月 刖 刖 服 服`			
	服 服 服 服		・服用(복용): 약을 먹음 ・韓服(한복): 한국의 고유한 옷	
307	河	河	河	河
	물 **하**	ㄏㄜˊ(허)	hé(허)	か(가)
	`丶 丶 氵 汀 汀 沪 沪 河`			
	河 河 河 河		・河床(하상): 하천의 바닥 ・渡河(도하): 강물을 건넘	
308	若	若	若	若
	같을 **약**	ㄖㄨㄛˋ(뤄)	ruò(뤄)	じゃく(자쿠)
	`一 十 艹 艹 芢 芐 芐 若 若`			
	若 若 若 若		・若干(약간): 얼마쯤 ・老若(노약): 늙은이와 젊은이	

	한국 한자	중국 번체자	중국 간체자	일본 약자
309	房 방 **방**	房 ㄈㄤˊ(팡)	房 fáng(팡)	房 ぼう(보)
	丶 丨 广 尸 戶 戶 房 房			
	房 房 房 房		• 房門(방문): 방을 드나드는 문 • 廚房(주방): 음식을 차리는 방	
310	注 물댈 **주**	注 ㄓㄨˋ(주)	注 zhù(주)	注 ちゅう(주)
	丶 丶 氵 氵 汁 汁 汀 注 注			
	注 注 注 注		• 注意(주의): 정신차려 조심함 • 傾注(경주): 기울여 쏟음	
311	英 꽃부리 **영**	英 丨ㄥˉ(잉)	英 yīng(잉)	英 えい(에이)
	一 十 卄 卝 茾 苦 苙 苃 英			
	英 英 英 英		• 英文(영문): 영어로 쓴 글 • 育英(육영): 영재를 가르쳐 기름	
312	苦 괴로울 **고**	苦 ㄎㄨˇ(쿠)	苦 kǔ(쿠)	苦 く(구)
	一 十 卄 卝 茾 丗 苲 苦 苦			
	苦 苦 苦 苦		• 苦悶(고민): 괴로워하고 번민함 • 辛苦(신고): 매운 것과 쓴 것	

	한국 한자	중국 번체자	중국 간체자	일본 약자
313	始	始	始	始
	비로소 **시**	ㄕˇ(스)	shǐ(스)	し(시)
	く く 女 女 女 姑 始 始			
	始 始 始 始		• 始終(시종): 처음과 끝, 항상 • 開始(개시): 처음으로 시작함	
314	念	念	念	念
	생각 **념**	ㄋㄧㄢˋ(녠)	niàn(녠)	ねん(녠)
	ノ 人 ム 今 今 念 念 念			
	念 念 念 念		• 念頭(염두): 머리 속의 생각 • 信念(신념): 변하지 않은 굳은 생각	
315	武	武	武	武
	굳셀 **무**	ㄨˇ(우)	wǔ(우)	ぶ(부)
	一 一 二 干 下 正 正 武 武			
	武 武 武 武		• 武力(무력): 군사상의 힘 • 尙武(상무): 무예를 숭상함	
316	例	例	例	例
	법식 **예**	ㄌㄧˋ(리)	lì(리)	れい(레이)
	ノ イ 亻 仃 仍 阞 阞 例 例			
	例 例 例 例		• 例示(예시): 본보기를 들어서 보임 • 事例(사례): 일의 전례	

	한국 한자	중국 번체자	중국 간체자	일본 약자
317	雨 비 우 ㄩˇ(위) yǔ(위) う(우) 一 гˉ гˉ 帀 帀 雨 雨 雨		雨 雨 雨 雨 雨	• 雨傘(우산): 비를 가리는 물건 • 降雨(강우): 비가 내림
318	固 굳을 고 《ㄨˋ(구) gù(구) こ(고) 丨 冂 冃 冃 罔 周 周 固		固 固 固 固 固	• 固有語(고유어): 토박이말 • 堅固(견고): 굳세고 단단함
319	夜 밤 야 丨ㄝˋ(예) yè(예) や(야) 丶 亠 广 广 疒 产 夜 夜		夜 夜 夜 夜 夜	• 夜間(야간): 밤 사이 • 深夜(심야): 깊은 밤
320	協 화합 협 ㄒ丨ㄝˊ(세) xié(세) きょう(교) 一 十 十 协 协 協 協 協		协 協 協 協 協	• 協商(협상): 다수가 서로 의논함 • 妥協(타협): 서로 양보해 협의함

	한국 한자	중국 번체자	중국 간체자	일본 약자
321	免 면할 **면** ノ ヶ ヶ ゥ 刍 刍 免 免	口丨ㄢˇ(미엔)	miǎn(미엔)	めん(멘)
	免 免 免 免		· 免責(면책): 책임을 면함 · 罷免(파면): 직무를 그만두게 함	
322	承 이을 **승** ⌐ 了 了 孑 圣 承 承 承	彳ㄥˊ(청)	chéng(청)	しょう(쇼)
	承 承 承 承		· 承繼(승계): 뒤를 이어받음 · 繼承(계승): 뒤를 이어받음	
323	依 의지할 **의** ノ 亻 亻 亻 亻 依 依 依	丨ˉ(이)	yī(이)	い(이)
	依 依 依 依		· 依存(의존): 의지하고 있음 · 憑依(빙의): 몸이나 마음을 기댐	
324	波 물결 **파** 丶 丶 氵 氵 氵 沪 沪 波 波	ㄅㄛˉ(보)	bō(보)	は(하)
	波 波 波 波		· 波動(파동): 물결의 움직임 · 風波(풍파): 세찬 바람과 험한 물결	

	한국 한자	중국 번체자	중국 간체자	일본 약자
325	居 살 거 ㄱ ㄱ ㄹ 尸 尸 屌 届 居 居	居 ㄐㄩˉ(쥐)	居 jū(쥐)	居 きょ(교)
	居　居　居　居		· 居處(거처): 정해 누고 항상 있는 곳 · 隱居(은거): 세상을 피해 숨어 삶	
326	呼 부를 **호** ㅣ ㅁ ㅁ ㅁˊ ㅁˊ ㅁˊ 呸 呼	呼 ㄏㄨˉ(후)	呼 hū(후)	呼 こ(고)
	呼　呼　呼　呼		· 呼出(호출): 불러냄 · 大呼(대호): 목소리를 크게 하여 부름	
327	妹 손아랫누이 **매** ㄑ ㄥ 女 女ˊ 女ˊ 妕 妹 妹	妹 ㄇㄟˋ(메이)	妹 mèi(메이)	妹 まい(마이)
	妹　妹　妹　妹		· 妹弟(매제): 손아랫누이의 남편 · 男妹(남매): 오라비와 누이	
328	味 맛 **미** ㅣ ㅁ ㅁ ㅁˊ ㅁˊ 吽 咊 味	味 ㄨㄟˋ(웨이)	味 wèi(웨이)	味 み(미)
	味　味　味　味		· 味覺(미각): 맛을 느끼는 감각 · 興味(흥미): 흥을 느끼는 재미	

	한국 한자	중국 번체자	중국 간체자	일본 약자
329	松 소나무 **송**	松 ㄙㄨㄥ¯(쑹)	松 sōng(쑹)	松 しょう(쇼)
	一 十 十 オ 木 朴 松 松			
	松　松　松　松	• 松柏(송백): 소나무와 잣나무 • 靑松(청송): 푸른 솔		
330	季 계절 **계**	季 ㄐㄧˋ(지)	季 jì(지)	季 き(기)
	一 二 千 禾 禾 季 季 季			
	季　季　季　季	• 季節(계절): 봄·여름·가을·겨울 • 冬季(동계): 겨울의 계절		
331	枝 가지 **지**	枝 ㄓ¯(즈)	枝 zhī(즈)	枝 し(시)
	一 十 十 オ 木 木 朾 枝 枝			
	枝　枝　枝　枝	• 枝幹(지간): 가지와 줄기 • 柳枝(유지): 버드나무 가지		
332	宗 마루 **종**	宗 ㄗㄨㄥ¯(쭝)	宗 zōng(쭝)	宗 しゅう(슈)
	丶 丷 宀 宀 宀 宇 宗 宗			
	宗　宗　宗　宗	• 宗派(종파): 학예 등의 유파 • 大宗(대종): 사물의 큰 근본		

	한국 한자	중국 번체자	중국 간체자	일본 약자
333	招	招	招	招
	부를 **초**	ㄓㄠ(자오)	zhāo(자오)	しょう(쇼)
	一 扌 扌 打 扫 招 招			
	招 招 招 招		• 招待(초대): 사람을 불러서 대접함 • 請招(청초): 청하여 불러들임	
334	店	店	店	店
	가게 **점**	ㄉㄧㄢˋ(뎬)	diàn(뎬)	てん(뎬)
	、 一 广 广 广 店 店 店			
	店 店 店 店		• 店鋪(점포): 가게, 상점 • 書店(서점): 책을 팔거나 사는 가게	
335	幸	幸	幸	幸
	다행 **행**	ㄒㄧㄥˋ(싱)	xìng(싱)	こう(고)
	一 十 土 土 幸 幸 幸 幸			
	幸 幸 幸 幸		• 幸運(행운): 복된 좋은 운수 • 多幸(다행): 운수가 좋음	
336	妻	妻	妻	妻
	아내 **처**	ㄑㄧ(치)	qī(치)	さい(사이)
	一 ㅋ ㅋ 圭 圭 妻 妻 妻			
	妻 妻 妻 妻		• 妻男(처남): 아내의 남자 형제 • 喪妻(상처): 아내를 여읨	

	한국 한자	중국 번체자	중국 간체자	일본 약자

337

抱	抱	抱	抱
안을 **포**	ㄅㄠˋ(바오)	bào(바오)	ほう(호)

一 十 扌 扌 扝 抝 抍 抱

抱	抱	抱	抱	• 抱擁(포옹): 품에 껴안음 • 懷抱(회포): 마음속에 품은 생각

338

虎	虎	虎	虎
범 **호**	ㄏㄨˇ(후)	hǔ(후)	こ(고)

丨 ㅏ ㅏ 序 庐 虍 虏 虎

虎	虎	虎	虎	• 虎骨(호골): 범의 뼈 • 猛虎(맹호): 사나운 범

339

卷	卷	卷	卷
문서 **권**	ㄐㄩㄢˋ(쥐안)	juàn(쥐안)	かん(간)

丶 丷 丷 䒑 䒑 半 券 桊 卷

卷	卷	卷	卷	• 卷頭(권두): 책의 첫 머리 • 別卷(별권): 따로 된 책

340

杯	杯	杯	杯
잔 **배**	ㄅㄟˉ(베이)	bēi(베이)	はい(하이)

一 十 十 才 木 杆 杯 杯

杯	杯	杯	杯	• 杯酒(배주): 잔에 부은 술 • 乾杯(건배): 술잔을 들어 마심

	한국 한자	중국 번체자	중국 간체자	일본 약자
341	姓	姓	姓	姓
	성 **성**	ㄒㄧㄥˋ(싱)	xìng(싱)	せい(세이)

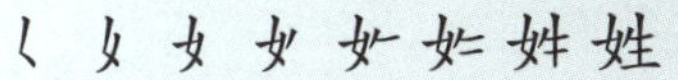

姓 姓 姓 姓

- 姓名(성명): 성과 이름
- 百姓(백성): 일반 국민

	한국 한자	중국 번체자	중국 간체자	일본 약자
342	典	典	典	典
	법 **전**	ㄉㄧㄢˇ(뎬)	diǎn(뎬)	てん(덴)

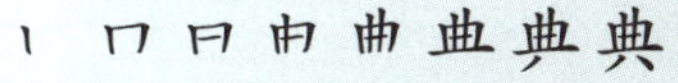

典 典 典 典

- 典範(전범): 본보기가 되는 규범
- 祝典(축전): 축하하는 의식

	한국 한자	중국 번체자	중국 간체자	일본 약자
343	彼	彼	彼	彼
	저 **피**	ㄅㄧˇ(비)	bǐ(비)	ひ(히)

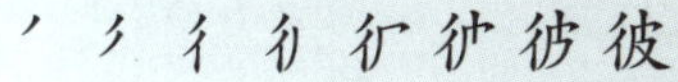

彼 彼 彼 彼

- 彼此(피차): 저것과 이것, 서로
- 於此彼(어차피): 어떻게 하든

	한국 한자	중국 번체자	중국 간체자	일본 약자
344	奉	奉	奉	奉
	받들 **봉**	ㄈㄥˋ(펑)	fèng(펑)	ほう(호)

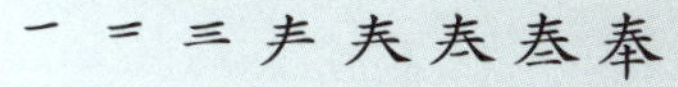

奉 奉 奉 奉

- 奉仕(봉사): 남을 위하여 일함
- 信奉(신봉): 믿고 받듦

	한국 한자	중국 번체자	중국 간체자	일본 약자
345	舍	舍	舍	舍
	집 사	ㄕㄜˇ(서)	shě(서)	しゃ(샤)
	ノ 人 ㅅ ㅅ 쇼 숍 舍 舍			
	舍 舍 舍 舍	• 舍屋(사옥): 집을 달리 일컫는 말 • 廳舍(청사): 관청의 건물		
346	叔	叔	叔	叔
	아재비 숙	ㄕㄨˉ(수)	shū(수)	しゅく(슈쿠)
	丨 卜 上 丬 扌 未 村 叔			
	叔 叔 叔 叔	• 叔父(숙부): 아버지의 아우 • 姑叔(고숙): 고모부		
347	忠	忠	忠	忠
	충성 충	ㄓㄨㄥˉ(중)	zhōng(중)	ちゅう(주)
	丶 冂 口 口 中 中 忠 忠 忠			
	忠 忠 忠 忠	• 忠誠(충성): 마음에서 우러나는 정성 • 朴忠(박충): 순박하고 충직함		
348	宙	宙	宙	宙
	집 주	ㄓㄡˋ(저우)	zhòu(저우)	ちゅう(주)
	丶 丷 宀 宀 宀 宁 宙 宙			
	宙 宙 宙 宙	• 宙合樓(주합루): 창덕궁 안의 한 누각 • 宇宙(우주): 무한한 공간의 총체		

	한국 한자	중국 번체자	중국 간체자	일본 약자
349	泣 울 읍 `丶丶冫冫汀汀泣泣泣`	泣 くl丶(치)	泣 qì(치)	泣 きゅう(규)
	泣 泣 泣 泣		• 泣訴(읍소): 눈물로 호소함 • 感泣(감읍): 감격하여 욺	
350	昔 옛 석 `一十卄芇芇昔昔昔`	昔 ㄒl⁻(시)	昔 xī(시)	昔 せき(세키)
	昔 昔 昔 昔		• 昔年(석년): 여러 해 전, 옛날 • 今昔(금석): 지금과 옛적	
351	卒 군사 졸 `丶亠产产卒卒卒卒`	卒 ㄗㄨˊ(쭈)	卒 zú(쭈)	卒 そつ(소쓰)
	卒 卒 卒 卒		• 卒業(졸업): 과정을 마침 • 兵卒(병졸): 하사관 아래의 군인	
352	是 이 시 `l 冂日日旦무무昺是`	是 ㄕ丶(시)	是 shì(시)	是 ぜ(제)
	是 是 是 是		• 是認(시인): 옳다고 인정함 • 亦是(역시): 마찬가지로	

	한국 한자	중국 번체자	중국 간체자	일본 약자
353	要 중요할 **요**	要 ㅣㄠˋ(야오)	要 yào(야오)	要 よう(요)
	一 一 一 一 一 一 一 一 一 要 要 要			
	要 要 要 要		• 要因(요인): 사물의 성립에 필요한 원인 • 重要(중요): 매우 귀중하고 소중함	
354	活 살 **활**	活 ㄏㄨㄛˊ(훠)	活 huó(훠)	活 かつ(가쓰)
	丶 丶 丶 氵 氵 汗 汗 汗 活 活			
	活 活 活 活		• 活動(활동): 기운차게 움직임 • 生活(생활): 살아서 활동함	
355	面 낯 **면**	面 ㄇㄧㄢˋ(미엔)	面 miàn(미엔)	面 めん(멘)
	一 一 一 一 百 百 面 面 面			
	面 面 面 面		• 面接(면접): 얼굴을 마주 대함 • 當面(당면): 일이 바로 눈앞에 닥침	
356	後 뒤 **후**	後 ㄏㄨˋ(허우)	后 hòu(허우)	後 こう(고)
	丿 彳 彳 彳 彳 彳 移 移 後			
	後 後 後 後		• 後續(후속): 뒤를 이어 계속 됨 • 直後(직후): 바로 뒤, 그 후 곧	

	한국 한자	중국 번체자	중국 간체자	일본 약자
357	看 볼 간	看 ㄎㄢˋ(칸)	看 kàn(칸)	看 かん(간)
	一 二 三 チ 禾 看 看 看 看			
	看 看 看 看		• 看板(간판): 상점 등에 내 건 표지 • 回看(회간): 돌이키어 봄	
358	前 앞 전	前 ㄑㄧㄢˊ(첸)	前 qián(첸)	前 ぜん(젠)
	丶 丷 艹 쓰 쓰 前 前 前 前			
	前 前 前 前		• 前日(전일): 전날 • 以前(이전): 오래 전	
359	政 정사 정	政 ㄓㄥˋ(정)	政 zhèng(정)	政 せい(세이)
	一 T F 正 正 政 政 政 政			
	政 政 政 政		• 政府(정부): 국가를 다스리는 기관 • 國政(국정): 나라의 정사(政事)	
360	度 법도 도	度 ㄅㄨˋ(두)	度 dù(두)	度 ど(도)
	丶 一 广 广 产 庐 庐 庐 度			
	度 度 度 度		• 度量(도량): 도와 양, 즉 길이와 용적 • 程度(정도): 알맞은 한도	

	한국 한자	중국 번체자	중국 간체자	일본 약자

361

重	重	重	重
무거울 **중**	ㄓㄨㄥˋ(중)	zhòng(중)	じゅう(주)

一 二 千 千 千 盲 盲 重 重

重	重	重	重

- 重要(중요): 매우 귀중하고 소중함
- 愼重(신중): 매우 조심스러움

362

相	相	相	相
서로 **상**	ㄒㄧㄤˉ(상)	xiāng(상)	そう(소)

一 十 才 才 才 机 相 相 相

相	相	相	相

- 相互(상호): 서로서로
- 人相(인상): 사람 얼굴의 생김새

363

便	便	便	便
편할 **편**	ㄅㄧㄢˋ(벤)	biàn(벤)	べん(벤)

ノ 亻 仁 仔 仔 乍 何 何 便 便

便	便	便	便

- 便宜(편의): 형편이 좋음
- 不便(불편): 편리하지 않음

364

軍	軍	军	軍
군사 **군**	ㄐㄩㄣˉ(쥔)	jūn(쥔)	ぐん(군)

丶 冖 冖 冖 合 宣 宣 宣 軍

軍	軍	軍	軍

- 軍士(군사): 군인의 총칭
- 陸軍(육군): 육지에서 싸우는 군대

	한국 한자	중국 번체자	중국 간체자	일본 약자

365

建	建	建	建
세울 **건**	ㄐㄧㄢˋ(젠)	jiàn(젠)	けん(겐)

ㄱ ㄱ ㄲ ㄱ ㄱ ㅌ 聿 聿 建 建

建	建	建	建

- 建國(건국): 나라를 세움
- 創建(창건): 처음으로 세움

366

革	革	革	革
가죽 **혁**	ㄍㄜˊ(거)	gé(거)	かく(가쿠)

一 十 廿 井 苗 苗 苗 苩 革

革	革	革	革

- 革命(혁명): 급격한 변혁
- 改革(개혁): 새롭게 뜯어고침

367

美	美	美	美
아름다울 **미**	ㄇㄟˇ(메이)	měi(메이)	び(비)

丶 丷 丷 半 半 羊 羑 美 美

美	美	美	美

- 美人(미인): 아름답게 생긴 여자
- 讚美(찬미): 기리어 칭송함

368

南	南	南	南
남녘 **남**	ㄋㄢˊ(난)	nán(난)	なん(난)

一 十 十 内 内 南 南 南 南

南	南	南	南

- 南極(남극): 지축의 남쪽 끝
- 江南(강남): 강의 남쪽

	한국 한자	중국 번체자	중국 간체자	일본 약자
369	計 셈할 **계**	計 ㄐㄧˋ(지)	计 jì(지)	計 けい(게이)
	`丶一二三言言言計計`			
	計 計 計 計		• 計算(계산): 수량을 헤아림 • 統計(통계): 한데 몰아쳐서 셈함	
370	界 지경 **계**	界 ㄐㄧㄝˋ(제)	界 jiè(제)	界 かい(가이)
	`丶口日田田界界界界`			
	界 界 界 界		• 界限(계한): 땅의 경계 • 世界(세계): 온 세상	
371	海 바다 **해**	海 ㄏㄞˇ(하이)	海 hǎi(하이)	海 かい(가이)
	`丶丶氵氵浐汢海海海海`			
	海 海 海 海		• 海洋(해양): 넓은 바다 • 西海(서해): 서쪽에 있는 바다	
372	思 생각할 **사**	思 ㄙˉ(쓰)	思 sī(쓰)	思 し(시)
	`丶口日田田思思思思`			
	思 思 思 思		• 思考(사고): 생각하고 궁리함 • 意思(의사): 마음 먹은 생각	

	한국 한자	중국 번체자	중국 간체자	일본 약자
373	品	品	品	品
	물건 **품**	ㄆㄧㄣˇ(핀)	pǐn(핀)	ひん(힌)
	ノ 冂 冂 吕 吕 吕 吕 品 品			
	品　品　品　品		• 品質(품질): 물건의 성질과 바탕 • 商品(상품): 팔고 사는 물품	
374	指	指	指	指
	가리킬 **지**	ㄓˇ(즈)	zhǐ(즈)	し(시)
	一 扌 扌 扩 扞 指 指 指 指			
	指　指　指　指		• 指摘(지적): 꼭 집어서 가리킴 • 屈指(굴지): 손가락을 꼽아 헤아림	
375	科	科	科	科
	과목 **과**	ㄎㄜˉ(커)	kē(커)	か(가)
	ノ 一 二 千 千 禾 禾 禾 秆 科			
	科　科　科　科		• 科程(과정): 교육과정의 준말 • 教科(교과): 가르치는 과목	
376	保	保	保	保
	지킬 **보**	ㄅㄠˇ(바오)	bǎo(바오)	ほ(호)
	ノ 亻 亻 伄 伄 伄 伄 保 保			
	保　保　保　保		• 保護(보호): 잘 보살피고 지킴 • 安保(안보): 편안히 보전함	

	한국 한자	중국 번체자	중국 간체자	일본 약자
377	則	則	则	則
	법칙 **칙**	ㄗㄜˊ(쩌)	zé(쩌)	そく(소쿠)
	丨 冂 冂 月 目 貝 貝 則 則			
	則 則 則 則		• 則例(칙례): 중국 청대 법령 문서 • 法則(법칙): 법식과 규칙	
378	信	信	信	信
	믿을 **신**	ㄒㄧㄣˋ(신)	xìn(신)	しん(신)
	丿 亻 亻 亻 信 信 信 信 信			
	信 信 信 信		• 信賴(신뢰): 남을 믿고 의지함 • 不信(불신): 믿지 아니함	
379	省	省	省	省
	살필 **성**	ㄕㄥˇ(성)	shěng(성)	せい(세이)
	丿 丬 小 少 少 省 省 省 省			
	省 省 省 省		• 省察(성찰): 반성하여 살핌 • 自省(자성): 스스로 반성함	
380	風	風	风	風
	바람 **풍**	ㄈㄥˉ(펑)	fēng(펑)	ふう(후)
	丿 几 凡 凡 凨 凬 風 風 風			
	風 風 風 風		• 風浪(풍랑): 바람과 물결 • 熱風(열풍): 뜨거운 바람	

	한국 한자	중국 번체자	중국 간체자	일본 약자
381	持	持	持	持
	가질 **지**	彳(츠)	chí(츠)	じ(지)
	一 十 扌 扌 扩 拃 拌 持 持			
	持　持　持　持		• 持續(지속): 계속되어 나감 • 維持(유지): 지탱하여 감	
382	約	約	约	約
	맺을 **약**	ㄐㄩㄝ(웨)	yuē(웨)	やく(야쿠)
	㇀ ㄥ ㄠ 幺 糸 糸 糸 約 約			
	約　約　約　約		• 約束(약속): 언약하여 정함 • 公約(공약): 공중 앞에서 약속함	
383	神	神	神	神
	귀신 **신**	ㄕㄣ(션)	shén(션)	しん(신)
	一 二 亍 亓 示 和 和 和 神			
	神　神　神　神		• 神奇(신기): 신묘하고 기이함 • 鬼神(귀신): 사람의 죽은 넋	
384	甚	甚	甚	甚
	심할 **심**	ㄕㄣ(션)	shèn(션)	じん(진)
	一 十 卄 甘 甘 甚 其 其 甚			
	甚　甚　甚　甚		• 甚大(심대): 매우 큼 • 極甚(극심): 몹시 심함	

	한국 한자	중국 번체자	중국 간체자	일본 약자
385	飛	飛	飞	飛
	날 **비**	ㄈㄟ(페이)	fēi(페이)	ひ(히)
	ㄟ ㄟ 飞 飞 飛 飛 飛 飛 飛			
	飛 飛 飛 飛		• 飛行(비행): 공중으로 날아서 감 • 散飛(산비): 흩어져 남	
386	食	食	食	食
	밥 **식**	ㄕˊ(스)	shí(스)	しょく(쇼쿠)
	ノ 人 人 今 今 今 食 食 食			
	食 食 食 食		• 食糧(식량): 먹을 양식 • 飮食(음식): 먹는 것과 마시는 것	
387	首	首	首	首
	머리 **수**	ㄕㄡˇ(서우)	shǒu(서우)	しゅ(슈)
	丶 丷 丷 ⺅ ⺤ 首 首 首 首			
	首 首 首 首		• 首席(수석): 맨 윗자리 • 行首(행수): 여러 사람의 우두머리	
388	故	故	故	故
	연고 **고**	ㄍㄨˋ(구)	gù(구)	こ(고)
	一 十 十 古 古 古 故 故 故			
	故 故 故 故		• 故人(고인): 죽은 사람 • 作故(작고): 죽음의 높임말	

	한국 한자	중국 번체자	중국 간체자	일본 약자
389 草	草	草	草	草
	풀 **초**	ㄘㄠˇ(차오)	cǎo(차오)	そう(소)

一 十 艹 艹 艹 芍 苩 苩 苩 草

草	草	草	草

- 草木(초목): 풀과 나무
- 藥草(약초): 약이 되는 풀

	한국 한자	중국 번체자	중국 간체자	일본 약자
390 送	送	送	送	送
	보낼 **송**	ㄙㄨㄥˋ(쑹)	sòng(쑹)	そう(소)

丷 八 쓰 쓰 쏘 쏫 쏫 쏫 送 送

送	送	送	送

- 送還(송환): 제자리로 되돌려 보냄
- 運送(운송): 물건을 운반하여 보냄

	한국 한자	중국 번체자	중국 간체자	일본 약자
391 音	音	音	音	音
	소리 **음**	ㄧㄣˉ(인)	yīn(인)	おん(온)

丶 亠 亠 产 立 产 音 音 音

音	音	音	音

- 音盤(음반): 축음기의 레코드
- 雜音(잡음): 시끄러운 소리

	한국 한자	중국 번체자	중국 간체자	일본 약자
392 洋	洋	洋	洋	洋
	큰 바다 **양**	ㄧㄤˊ(양)	yáng(양)	よう(요)

丶 氵 氵 沣 沣 沣 洋 洋

洋	洋	洋	洋

- 洋服(양복): 서양식으로 만든 옷
- 海洋(해양): 넓은 바다

	한국 한자	중국 번체자	중국 간체자	일본 약자
393	紅	紅	红	紅
	붉을 홍	ㄏㄨㄥˊ(훙)	hóng(훙)	こう(고)
	´ ㄴ ㄠ 幺 幺 糸 糹 紅 紅			
	紅 紅 紅 紅		• 紅顔(홍안): 젊어 혈색 좋은 얼굴 • 粉紅(분홍): 흰빛이 섞인 붉은 빛	
394	城	城	城	城
	재 성	ㄔㄥˊ(청)	chéng(청)	じょう(조)
	一 十 土 圵 圵 圤 坊 城 城 城			
	城 城 城 城		• 城壁(성벽): 성의 담벼락 • 都城(도성): 서울	
395	客	客	客	客
	손 객	ㄎㄜˋ(커)	kè(커)	きゃく(갸쿠)
	` ` ㄇ 宀 宀 灾 灾 客 客			
	客 客 客 客		• 客席(객석): 손님의 자리 • 賓客(빈객): 손님	
396	屋	屋	屋	屋
	집 옥	ㄨ ̄(우)	wū(우)	おく(오쿠)
	ㄱ ㄱ ㄹ 尸 尸 居 屍 屋 屋			
	屋 屋 屋 屋		• 屋上(옥상): 지붕 위 • 家屋(가옥): 사람이 사는 집	

	한국 한자	중국 번체자	중국 간체자	일본 약자
397	律	律	律	律
	법 **률**	ㄌㄩˋ(뤼)	lǜ(뤼)	りつ(리쓰)
	ノ ノ ィ 彳 彳 律 律 律			
	律　律　律　律	• 律動(율농): 규직직인 운동 • 規律(규율): 일정한 질서나 차례		
398	施	施	施	施
	베풀 **시**	ㄕ⁻(스)	shī(스)	し(시)
	﹅ ﹅ ﹅ 方 方 方 方 施 施			
	施　施　施　施	• 施行(시행): 실제로 행함 • 實施(실시): 실제로 시행함		
399	急	急	急	急
	급할 **급**	ㄐㄧˊ(지)	jí(지)	きゅう(규)
	ノ ク ㄎ ㄎ 刍 刍 急 急 急			
	急　急　急　急	• 急增(급증): 급히 늘어남 • 緊急(긴급): 요긴하고 급함		
400	星	星	星	星
	별 **성**	ㄒㄧㄥ⁻(싱)	xīng(싱)	せい(세이)
	﹅ 冂 曰 日 日 旦 旦 星 星			
	星　星　星　星	• 星座(성좌): 별자리 • 曉星(효성): 새벽에 보이는 별		

	한국 한자	중국 번체자	중국 간체자	일본 약자
401	帝	帝	帝	帝
	임금 제	ㄉㄧˋ(디)	dì(디)	てい(데)
	`丶 一 亠 亠 产 产 产 帝 帝`			
	帝　帝　帝　帝		• 帝國(제구): 황제가 다스리는 나라 • 上帝(상제): 하늘을 다스린다는 신	
402	待	待	待	待
	기다릴 대	ㄉㄞˋ(다이)	dài(다이)	たい(다이)
	`丿 彳 彳 彳 彳 待 待 待 待`			
	待　待　待　待		• 待期(대기): 약속을 기다림 • 優待(우대): 특별히 잘 대우함	
403	春	春	春	春
	봄 춘	ㄔㄨㄣˉ(춘)	chūn(춘)	しゅん(슌)
	`一 二 三 丰 夫 表 春 春 春`			
	春　春　春　春		• 春困(춘곤): 봄날 느끼는 나른한 기운 • 靑春(청춘): 젊은 나이	
404	限	限	限	限
	한정할 한	ㄒㄧㄢˋ(셴)	xiàn(셴)	げん(겐)
	`丶 ㇏ 阝 阝 阝 阝 限 限 限`			
	限　限　限　限		• 限界(한계): 사물의 정해 놓은 범위 • 權限(권한): 권리의 범위	

	한국 한자	중국 번체자	중국 간체자	일본 약자
405	室	室	室	室
	집 **실**	ㄕˋ(스)	shì(스)	しつ(시쓰)
	丶 丶 宀 宀 宀 宀 宀 宀 室			
	室 室 室 室	• 室外(실외): 집의 바깥 • 居室(거실): 평소에 기거하는 방		
406	香	香	香	香
	향기 **향**	ㄒㄧㄤˉ(상)	xiāng(상)	こう(고)
	丿 二 千 千 禾 禾 香 香 香			
	香 香 香 香	• 香氣(향기): 향기로운 냄새 • 芳香(방향): 꽃다운 향기		
407	退	退	退	退
	물러날 **퇴**	ㄊㄨㄟˋ(투이)	tuì(투이)	たい(다이)
	㇆ ⺕ 彐 艮 艮 艮 艮 艮 退			
	退 退 退 退	• 退職(퇴직): 현직에서 물러남 • 後退(후퇴): 뒤로 물러남		
408	祖	祖	祖	祖
	조상 **조**	ㄗㄨˇ(쭈)	zǔ(쭈)	そ(소)
	一 二 亍 亓 示 礻 礻 礻 礻 祖			
	祖 祖 祖 祖	• 祖國(조국): 조상 때부터 살던 나라 • 先祖(선조): 할아버지 이상의 조상		

	한국 한자	중국 번체자	중국 간체자	일본 약자
409	威 위엄 **위**	威 ㄨㄟˉ(웨이)	威 wēi(웨이)	威 い(이)
	ノ 厂 厃 厄 反 反 威 威 威			
	威 威 威 威		• 威脅(위협): 힘으로 으르고 협박함 • 猛威(맹위): 맹렬한 위세	
410	洞 마을 **동**	洞 ㄉㄨㄥˋ(둥)	洞 dòng(둥)	洞 どう(도)
	丶 丶 氵 氵 汩 汩 洞 洞 洞			
	洞 洞 洞 洞		• 洞里(동리): 마을 • 本洞(본동): 자기가 살고 있는 동네	
411	洗 씻을 **세**	洗 ㄒㄧˇ(시)	洗 xǐ(시)	洗 せん(센)
	丶 丶 氵 氵 泙 泙 泮 洗 洗			
	洗 洗 洗 洗		• 洗練(세련): 깨끗이 씻고 불에 달굼 • 領洗(영세): 세례를 받는 일	
412	昨 어제 **작**	昨 ㄗㄨㄛˊ(쭤)	昨 zuó(쭤)	昨 さく(사쿠)
	丨 冂 冂 日 日 旷 昨 昨 昨			
	昨 昨 昨 昨		• 昨年(작년): 지난해 • 再昨年(재작년): 지난해의 전 해	

	한국 한자	중국 번체자	중국 간체자	일본 약자
413	拜 절 배	拜 ㄅㄞˋ(바이)	拜 bài(바이)	拜 はい(하이)
	ノ ニ 三 手 手 手 拜 拜 拜			
	拜　拜　拜　拜	• 拜禮(배례): 절하는 예 • 參拜(참배): 신이나 부처에게 배례함		
414	秋 가을 추	秋 ㄑㄧㄡˉ(추)	秋 qiū(추)	秋 しゅう(슈)
	ノ ニ 二 千 禾 禾 禾 秒 秋			
	秋　秋　秋　秋	• 秋收(추수): 곡식을 거둬 들이는 일 • 立秋(입추): 24절기의 열셋째		
415	厚 두터울 후	厚 ㄏㄡˋ(허우)	厚 hòu(허우)	厚 こう(고)
	一 厂 厂 厂 厚 厚 厚 厚 厚			
	厚　厚　厚　厚	• 厚待(후대): 후하게 대접함 • 重厚(중후): 태도가 점잖고 마음이 너그러움		
416	追 따를 추	追 ㄓㄨㄟˉ(주이)	追 zhuī(주이)	追 つい(쓰이)
	ノ ㇆ ㇉ ㇌ 自 自 自 追 追 追			
	追　追　追　追	• 追加(추가): 나중에 더하여 보탬 • 急追(급추): 급하게 뒤쫓음		

	한국 한자	중국 번체자	중국 간체자	일본 약자

417	皆	皆	皆	皆
	다 개	ㄐㄧㄝˉ(제)	jiē(제)	かい(가이)

一 ㅏ ㅏ 比 比 毕 毕 皆 皆

皆	皆	皆	皆

- 皆勤(개근): 일정기간 동안 빠짐없이 출석함
- 皆無(개무): 전혀 없음

418	勇	勇	勇	勇
	날랠 용	ㄩㄥˇ(융)	yǒng(융)	ゆう(유)

ㄱ ㄱ ㄱ ㄞ ㄞ 甬 甬 軍 勇

勇	勇	勇	勇

- 勇敢(용감): 씩씩하고 기운참
- 蠻勇(만용): 함부로 날뜀

419	恨	恨	恨	恨
	한 한	ㄏㄣˋ(헌)	hèn(헌)	こん(곤)

丶 丶 忄 忄 忊 忨 恨 恨 恨

恨	恨	恨	恨

- 恨歎(한탄): 한숨 쉬며 탄식함
- 怨恨(원한): 원통하고 한되는 생각

420	皇	皇	皇	皇
	임금 황	ㄏㄨㄤˊ(황)	huáng(황)	こう(고)

丶 丿 白 白 白 皇 皇 皇 皇

皇	皇	皇	皇

- 皇宮(황궁): 황제의 궁궐
- 教皇(교황): 천주교의 최고 지배자

	한국 한자	중국 번체자	중국 간체자	일본 약자
421	怒	怒	怒	怒
	성낼 **노**	ㄋㄨˋ(누)	nù(누)	ど(도)
	ㄑ 女 女 奴 奴 怒 怒 怒 怒			
	怒 怒 怒 怒		怒氣(노기): 노여운 기색 慣怒(분노): 분하여 성을 냄	
422	俗	俗	俗	俗
	풍속 **속**	ㄙㄨˊ(쑤)	sú(쑤)	ぞく(조쿠)
	ノ 亻 亻 俗 俗 俗 俗 俗 俗			
	俗 俗 俗 俗		俗人(속인): 세상의 일반 사람 民俗(민속): 민간의 풍속	
423	祝	祝	祝	祝
	빌 **축**	ㄓㄨˋ(주)	zhù(주)	しゅく(슈쿠)
	一 二 ﾆ 示 示 示 祝 祝 祝 祝			
	祝 祝 祝 祝		祝賀(축하): 남의 좋은 일에 기뻐하며 인사함 慶祝(경축): 경사로운 일을 축하함	
424	拾	拾	拾	拾
	주을 **습**	ㄕˊ(스)	shí(스)	しゅう(슈)
	一 十 扌 扌 扲 扲 拾 拾 拾			
	拾 拾 拾 拾		拾得(습득): 물건을 주워서 얻음 收拾(수습): 흩어진 물건을 정돈함	

	한국 한자	중국 번체자	중국 간체자	일본 약자
425	柳	柳	柳	柳
	버들 **류**	ㄌㄧㄡˇ(류)	liǔ(류)	りゅう(류)
	一 十 オ 木 木 杉 柳 柳 柳			
	柳 柳 柳 柳		· 柳枝(유지): 버드나무 가지 · 花柳(화류): 꽃과 버들	
426	泉	泉	泉	泉
	샘 **천**	ㄑㄩㄢˊ(취안)	quán(취안)	せん(센)
	′ ′ 白 白 白 户 身 泉 泉			
	泉 泉 泉 泉		· 泉水(천수): 샘에서 나는 물, 샘물 · 源泉(원천): 물이 흘러나오는 근원	
427	柔	柔	柔	柔
	부드러울 **유**	ㅁㄡˊ(러우)	róu(러우)	じゅう(주)
	ㄱ ㄱ ㄱ 子 矛 矛 柔 柔 柔			
	柔 柔 柔 柔		· 柔軟(유연): 부드럽고 연함 · 懷柔(회유): 어루만지어 달램	
428	哀	哀	哀	哀
	슬플 **애**	ㄞ(아이)	āi(아이)	あい(아이)
	′ 一 亠 亡 古 声 声 声 哀			
	哀 哀 哀 哀		· 哀悼(애도): 사람의 죽음을 슬퍼함 · 悲哀(비애): 슬퍼하고 서러워함	

	한국 한자	중국 번체자	중국 간체자	일본 약자
429	怨 원망할 **원** ノ ク タ タ 夗 夗 怨 怨 怨	怨 ㄩㄢˋ(위안)	怨 yuàn(위안)	怨 えん(엔)
	怨　怨　怨　怨		• 怨恨(원한): 원통하고 한되는 생각 • 宿怨(숙원): 오래된 묵은 원한	
430	逆 거스를 **역** ヽ ヽ ン ン 屰 屰 逆 逆 逆 逆	逆 ㄋㄧˋ(니)	逆 nì(니)	逆 ぎゃく(갸쿠)
	逆　逆　逆　逆		• 逆轉(역전): 형세가 뒤집힘 • 反逆(반역): 배반하여 모역(謀逆)함	
431	個 낱 **개** ノ イ 们 们 们 們 們 個 個 個	個 ㄍㄜˋ(거)	个 gè(거)	個 こ(고)
	個　個　個　個		• 個別(개별): 낱낱이 따로 나눔 • 別個(별개): 관련성 없는 딴 것	
432	時 때 **시** ㅣ 冂 日 日 日 日 旪 旪 時 時	時 ㄕˊ(스)	时 shí(스)	時 じ(지)
	時　時　時　時		• 時代(시대): 역사적으로 구분한 기간 • 暫時(잠시): 오래지 않은 동안	

	한국 한자	중국 번체자	중국 간체자	일본 약자

433

能	能	能	能
능할 **능**	ㄋㄥˊ(넝)	néng(넝)	のう(노)

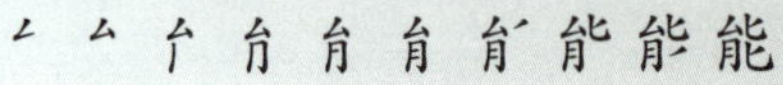

ㄥ ㄥ ㄏ ㄅ ㄅ 育 育 能 能 能

能	能	能	能	・能熟(능숙): 능하고 익숙함 ・才能(재능): 재주와 능력

434

家	家	家	家
집 가	ㄐㄧㄚˉ(자)	jiā(자)	か(가)

丶 丶 宀 宀 宀 宇 宇 家 家 家

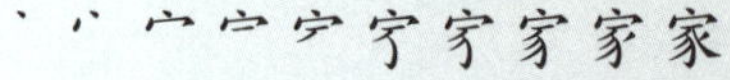

家	家	家	家	・家庭(가정): 한 가족으로서의 집안 ・出家(출가): 속세를 떠나 승려가 됨

435

起	起	起	起
일어날 **기**	ㄑㄧˇ(치)	qǐ(치)	き(기)

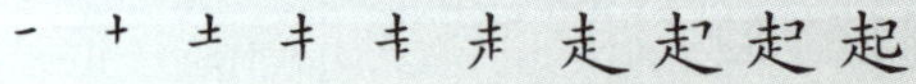

一 十 土 [illegible]docstring 走 起 起 起

起	起	起	起	・起立(기립): 일어나서 섬 ・惹起(야기): 사건 따위를 일으킴

436

高	高	高	高
높을 고	ㄍㄠˉ(가오)	gāo(가오)	こう(고)

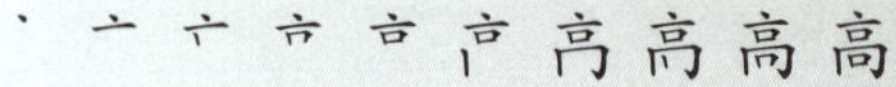

丶 二 亠 亠 古 古 高 高 高 高

高	高	高	高	・高價(고가): 비싼 값, 값이 비쌈 ・最高(최고): 가장 높음

	한국 한자	중국 번체자	중국 간체자	일본 약자
437	氣	氣	气	気
	기운 기	ㄑㄧˋ(치)	qì(치)	き(기)

氣勢(기세): 기운과 세력
人氣(인기): 세상 사람의 좋은 평판

	한국 한자	중국 번체자	중국 간체자	일본 약자
438	原	原	原	原
	근원 원	ㄩㄢˊ(위안)	yuán(위안)	げん(겐)

原狀(원상): 본디대로의 상태
始原(시원): 시작되는 처음

	한국 한자	중국 번체자	중국 간체자	일본 약자
439	展	展	展	展
	펼 전	ㄓㄢˇ(잔)	zhǎn(잔)	てん(덴)

展望(전망): 멀리 바라봄
進展(진전): 일이 진행되어 발전함

	한국 한자	중국 번체자	중국 간체자	일본 약자
440	通	通	通	通
	통할 통	ㄊㄨㄥˉ(퉁)	tōng(퉁)	つう(쓰)

通過(통과): 통하여 지나가거나 옴
疏通(소통): 막히지 아니하고 서로 통함

	한국 한자	중국 번체자	중국 간체자	일본 약자
441	華	華	华	華
	빛날 **화**	ㄏㄨㄚˊ(화)	huá(화)	か(가)
	一 十 ++ ++ ++ ++ 苹 苹 荸 荸 華			
	華 華 華 華		• 華麗(화려): 빛나고 아름다움 • 豪華(호화): 사치스럽고 화려함	
442	特	特	特	特
	특별할 **특**	ㄊㄜˋ(터)	tè(터)	とく(도쿠)
	丿 丿 牛 牛 牛 牜 牜 特 特 特			
	特 特 特 特		• 特定(특정): 특별한 지정 • 奇特(기특): 언행이 신통함	
443	書	書	书	書
	글 **서**	ㄕㄨ(수)	shū(수)	しょ(쇼)
	一 フ 구 글 글 聿 書 書 書 書			
	書 書 書 書		• 書類(서류): 글자로 기록한 문서 • 證書(증서): 증거가 되는 문서	
444	馬	馬	马	馬
	말 **마**	ㄇㄚˇ(마)	mǎ(마)	ば(바)
	ㅣ 厂 厂 厈 厈 馬 馬 馬 馬 馬			
	馬 馬 馬 馬		• 馬夫(마부): 말을 부리는 사람 • 出馬(출마): 선거에 입후보함	

	한국 한자	중국 번체자	중국 간체자	일본 약자
445	造	造	造	造
	지을 **조**	ㄗㄠˋ(짜오)	zào(짜오)	ぞう(조)
	ノ ト ≠ 生 牛 告 告 告 造 造 造			
	造 造 造 造	• 造作(조작): 일을 꾸미어 만듦 • 製造(제조): 큰 규모로 물건을 만듦		
446	流	流	流	流
	흐를 **류**	ㄌㄧㄡˊ(류)	liú(류)	りゅう(류)
	﹅ ﹅ ﹅ 氵 汀 汸 浐 浐 浐 流			
	流 流 流 流	• 流動(유동): 액체 등이 흘러 움직임 • 漂流(표류): 물에 떠서 흘러감		
447	記	記	记	記
	기록할 **기**	ㄐㄧˋ(지)	jì(지)	き(기)
	﹅ 亠 亖 亖 亖 言 言 記 記 記			
	記 記 記 記	• 記憶(기억): 의식 속에 간직함 • 銘記(명기): 마음속 깊이 새겨 둠		
448	根	根	根	根
	뿌리 **근**	ㄍㄥˉ(건)	gēn(건)	こん(곤)
	一 十 才 木 村 村 杘 根 根 根			
	根 根 根 根	• 根據(근거): 근본 되는 토대 • 禍根(화근): 재앙을 가져올 근원		

	한국 한자	중국 번체자	중국 간체자	일본 약자
449	料	料	料	料
	헤아릴 **료**	ㄌㅣㄠˋ(랴오)	liào(랴오)	りょう(료)
	`丶 丶 ン ゾ キ キ キ 米 米 米 料`			
	料　料　料　料		• 料金(요금): 수수료로 내는 돈, 삯 • 資料(자료): 무엇을 하기 위한 재료
450	連	連	连	連
	잇닿을 **련**	ㄌㅣㄢˊ(렌)	lián(렌)	れん(렌)
	`一 厂 戸 戸 亘 亘 車 車 連 連 連`			
	連　連　連　連		• 連結(연결): 서로 이어 맺음 • 關連(관련): 둘 이상이 서로 매여 있음
451	師	師	师	師
	스승 **사**	ㄕ(스)	shī(스)	し(시)
	`丿 广 广 庐 庐 启 启 師 師 師`			
	師　師　師　師		• 師母(사모): 스승의 부인 • 醫師(의사): 병을 치료하는 사람
452	校	校	校	校
	학교 **교**	ㄒㅣㄠˋ(샤오)	xiào(샤오)	こう(고)
	`一 十 十 才 杓 杓 栌 栌 杤 校`			
	校　校　校　校		• 校庭(교정): 학교의 마당 • 登校(등교): 학교에 출석함

	한국 한자	중국 번체자	중국 간체자	일본 약자

453

	한국 한자	중국 번체자	중국 간체자	일본 약자
席	席	席	席
자리 **석**	ㄒㄧˊ(시)	xí(시)	せき(세키)

丶 一 广 户 庐 庐 庐 庐 庶 席

席　席　席　席

- 席上(석상): 여러 사람이 모인 자리
- 首席(수석): 맨 윗자리

454

	한국 한자	중국 번체자	중국 간체자	일본 약자
病	病	病	病
병들 **병**	ㄅㄧㄥˋ(빙)	bìng(빙)	びょう(뵤)

丶 一 广 广 广 疒 疒 疒 病 病 病

病　病　病　病

- 病菌(병균): 병을 일으키는 세균
- 問病(문병): 앓는 사람을 찾아가 위로함

455

	한국 한자	중국 번체자	중국 간체자	일본 약자
笑	笑	笑	笑
웃을 **소**	ㄒㄧㄠˋ(샤오)	xiào(샤오)	しょう(쇼)

丿 ㇒ ㇏ 竹 竺 竺 竺 笙 笶 笑

笑　笑　笑　笑

- 笑談(소담): 우스운 이야기
- 微笑(미소): 소리 없이 빙긋이 웃음

456

	한국 한자	중국 번체자	중국 간체자	일본 약자
除	除	除	除
덜 **제**	ㄔㄨˊ(추)	chú(추)	じょ(조)

丶 ㇌ ㇌ 阝 阝 阡 除 除 除 除

除　除　除　除

- 除外(제외): 범위 밖에 두어 빼어 놓음
- 控除(공제): 금액, 수량을 빼냄

	한국 한자	중국 번체자	중국 간체자	일본 약자
457	速 빠를 **속**	速 ㄙㄨˋ(쑤)	速 sù(쑤)	速 そく(소쿠)
	一 ㄱ 亠 亩 市 束 束 涑 涑 谏 速			
	速 速 速 速		• 速報(속보): 빨리 알리는 것 • 迅速(신속): 날쌔고 빠름	
458	害 해칠 **해**	害 ㄏㄞˋ(하이)	害 hài(하이)	害 がい(가이)
	` ` ` 宀 宀 宀 宔 室 害 害 害			
	害 害 害 害		• 害惡(해악): 해가 되는 나쁜 일 • 侵害(침해): 불법적으로 남을 해침	
459	消 꺼질 **소**	消 ㄒㄧㄠˉ(사오)	消 xiāo(사오)	消 しょう(쇼)
	` ` ` 氵 氵 氵 氵 消 消 消			
	消 消 消 消		• 消防(소방): 화재를 진압하거나 예방함 • 解消(해소): 어떤 관계를 풀어서 없애 버림	
460	破 깨뜨릴 **파**	破 ㄆㄛˋ(포)	破 pò(포)	破 は(하)
	一 ㄱ 石 石 石 石 砂 砂 破 破			
	破 破 破 破		• 破壞(파괴): 깨뜨리어 헐어 버림 • 爆破(폭파): 폭약을 폭발시킴	

	한국 한자	중국 번체자	중국 간체자	일본 약자

461

	한국 한자	중국 번체자	중국 간체자	일본 약자
容	容	容	容
얼굴 **용**	ㅁㄨㄥˊ(룽)	róng(룽)	よう(요)

丶 丶 宀 宀 灾 灾 空 突 容 容

- 容貌(용모): 사람의 얼굴 모양
- 許容(허용): 허락하여 받아들임

462

修	修	修	修
닦을 **수**	ㄒㄧㄨˉ(수)	xiū(수)	しゅう(슈)

丿 亻 亻 亻 亻 亻 修 修 修 修

- 修正(수정): 잘못을 바로잡아 고침
- 研修(연수): 학문을 연구하고 닦음

463

效	效	效	效
본받을 **효**	ㄒㄧㄠˋ(샤오)	xiào(샤오)	こう(고)

丶 ㄴ 亠 六 方 交 效 效 效 效

- 效果(효과): 보람이나 좋은 결과
- 實效(실효): 실제의 효과

464

留	留	留	留
머무를 **류**	ㄌㄧㄨˊ(류)	liú(류)	りゅう(류)

丿 亠 亼 四 留 留 留 留 留 留

- 留學(유학): 외국에 가서 공부함
- 保留(보류): 나중으로 미뤄둠

	한국 한자	중국 번체자	중국 간체자	일본 약자
465	致 이를 **치**	致 坐ˋ(즈)	致 zhì(즈)	致 ち(지)
	一 乙 至 至 至 至 致 致 致			
	致 致 致 致	• 致死(치사): 죽음에 이름 • 景致(경치): 자연의 아름다운 모습		
466	財 재물 **재**	財 ち万ˊ(차이)	财 cái(차이)	財 ざい(자이)
	丨 冂 冃 月 目 貝 貝 貝 一 財 財			
	財 財 財 財	• 財産(재산): 소유하는 재물 • 家財(가재): 한 집안의 재물, 재산		
467	旅 나그네 **여**	旅 为ㄩˇ(뤼)	旅 lǚ(뤼)	旅 りょ(료)
	、 一 亍 方 方 方 方 旅 旅 旅			
	旅 旅 旅 旅	• 旅客(여객): 여행하는 사람 • 行旅(행려): 나그네가 되어 다님		
468	益 더할 **익**	益 丨ˋ(이)	益 yì(이)	益 えき(에키)
	丿 八 쓰 쓰 쓰 쓰 谷 谷 益 益			
	益 益 益 益	• 益金(익금): 이익으로 남은 돈 • 收益(수익): 이익을 거두어 들임		

	한국 한자	중국 번체자	중국 간체자	일본 약자
469	素 본디 **소**	素 ㄙㄨˋ(쑤)	素 sù(쑤)	素 そ(소)

一 二 ＝ 丰 圭 丰 耒 素 素 素

素	素	素	素

- 素養(소양): 평소에 쌓은 교양
- 平素(평소): 평상시, 생시

	한국 한자	중국 번체자	중국 간체자	일본 약자
470	恩 은혜 **은**	恩 ㄣˉ(언)	恩 ēn(언)	恩 おん(온)

丨 冂 冃 囘 因 因 囙 恩 恩 恩

恩	恩	恩	恩

- 恩惠(은혜): 고마운 혜택
- 背恩(배은): 은혜를 저버림

	한국 한자	중국 번체자	중국 간체자	일본 약자
471	酒 술 **주**	酒 ㄐㄧㄡˇ(주)	酒 jiǔ(주)	酒 しゅ(슈)

丶 丶 氵 氵 汀 汀 沔 洒 酒 酒

酒	酒	酒	酒

- 酒店(주점): 술집
- 飮酒(음주): 술을 마심

	한국 한자	중국 번체자	중국 간체자	일본 약자
472	降 내릴 **강**	降 ㄐㄧㄤˋ(장)	降 jiàng(장)	降 こう(고)

ㄱ 阝 阝 阝 阝 降 降 降 降

降	降	降	降

- 降雨(강우): 비가 내림
- 下降(하강): 아래로 향하여 내려옴

	한국 한자	중국 번체자	중국 간체자	일본 약자
473	案	案	案	案
	책상 **안**	ㄢˋ(안)	àn(안)	あん(안)
	`丶 丶丶 宀 灾 安 安 安 宰 室 案`			
	案 案 案 案			• 案件(안건): 토의할 사실 • 懸案(현안): 걸린 문제
474	紙	紙	纸	紙
	종이 **지**	ㄓˇ(즈)	zhǐ(즈)	し(시)
	`ㄥ ㄥ 幺 纟 纟 糹 糺 紀 紙 紙`			
	紙 紙 紙 紙			• 紙幣(지폐): 종이돈 • 休紙(휴지): 못 쓰게 된 종이
475	借	借	借	借
	빌릴 **차**	ㄐㄧㄝˋ(제)	jiè(제)	しゃく(샤쿠)
	`丿 亻 亻 亻 借 借 借 借 借 借`			
	借 借 借 借			• 借名(차명): 남의 이름을 빌려서 씀 • 賃借(임차): 세를 냄
476	殺	殺	杀	殺
	죽일 **살**	ㄕㄚ(사)	shā(사)	さい(사이)
	`丿 乂 杀 杀 杀 杀 杀 杀 殺 殺 殺 殺`			
	殺 殺 殺 殺			• 殺害(살해): 남의 생명을 해침 • 暗殺(암살): 남몰래 사람을 죽임

	한국 한자	중국 번체자	중국 간체자	일본 약자

477

射	射	射	射
쏠 **사**	ㄕㄜˋ(서)	shè(서)	しゃ(샤)

´ ｨ 竹 竹 自 身 身 身 射 射

射　射　射　射

- 射擊(사격): 총, 대포 따위를 쏨
- 照射(조사): 햇빛 따위가 내리쬠

478

針	針	针	針
바늘 **침**	ㄓㄣˉ(전)	zhēn(전)	しん(신)

ノ 𠂉 ト ∠ 午 余 金 金 金 針

針　針　針　針

- 針線(침선): 바늘과 실
- 指針(지침): 지시 장치에 붙어 있는 바늘

479

烈	烈	烈	烈
매울 **열**	ㄌㄧㄝˋ(례)	liè(례)	れつ(레쓰)

一 𠂆 歹 歹 列 列 烈 烈 烈

烈　烈　烈　烈

- 烈暑(열서): 몹시 혹독한 더위
- 强烈(강렬): 세차고 맹렬함

480

訓	訓	训	訓
가르칠 **훈**	ㄒㄩㄣˋ(쉰)	xùn(쉰)	くん(군)

、 二 三 言 言 言 訓 訓 訓

訓　訓　訓　訓

- 訓戒(훈계): 타일러서 경계함
- 教訓(교훈): 가르치고 깨우침

	한국 한자	중국 번체자	중국 간체자	일본 약자
481	夏	夏	夏	夏
	여름 **하**	ㄒㄧㄚˋ(샤)	xià(샤)	か(가)
	一 一 一 一 一 百 百 百 百 夏 夏			
	夏　夏　夏　夏			• 夏服(하복): 여름옷 • 盛夏(성하): 더위가 한창인 여름
482	骨	骨	骨	骨
	뼈 **골**	ㄍㄨˇ(구)	gǔ(구)	こつ(고쓰)
	丨 口 口 口 口 骨 骨 骨 骨			
	骨　骨　骨　骨			• 骨子(골자): 일이나 말의 중심 • 遺骨(유골): 주검을 태우고 남은 뼈
483	孫	孫	孙	孫
	손자 **손**	ㄙㄨㄣ(쑨)	sūn(쑨)	そん(손)
	﹁ 了 子 子 子 孫 孫 孫 孫			
	孫　孫　孫　孫			• 孫女(손녀): 아들의 딸, 자녀의 딸 • 子孫(자손): 자식과 손자
484	庭	庭	庭	庭
	뜰 **정**	ㄊㄧㄥˊ(팅)	tíng(팅)	てい(데이)
	丶 一 广 广 广 庄 庄 庄 庭 庭			
	庭　庭　庭　庭			• 庭園(정원): 집안에 있는 뜰 • 家庭(가정): 한 가족으로서의 집안

	한국 한자	중국 번체자	중국 간체자	일본 약자
485	島	島	島	島
	섬 도	ㄉㄠˇ(다오)	dǎo(다오)	とう(도)
	´ ´ ´ ´ ´ 阜 自 鳥 島 島 島			
	島 島 島 島		• 島嶼(도서): 크고 작은 섬들 • 落島(낙도): 육지에서 멀리 떨어진 외딴섬	
486	弱	弱	弱	弱
	약할 약	ㄖㄨㄛˋ(뤄)	ruò(뤄)	じゃく(자쿠)
	⁊ ⁊ 弓 弓 ⁊ 弱 弱 弱 弱 弱			
	弱 弱 弱 弱		• 弱點(약점): 남에게 뒤떨어지는 점 • 懦弱(나약): 의지가 굳세지 못함	
487	徒	徒	徒	徒
	무리 도	ㄊㄨˊ(투)	tú(투)	と(도)
	´ ´ ´ ´ ´ 彳 彳 徙 徙 徒 徒			
	徒 徒 徒 徒		• 徒步(도보): 두 발로 걸어감 • 信徒(신도): 종교를 믿는 사람들	
488	浪	浪	浪	浪
	물결 랑	ㄌㄤˋ(랑)	làng(랑)	ろう(로)
	` ` ` ⺌ ⺌ 氵 浐 浪 浪 浪 浪			
	浪 浪 浪 浪		• 浪說(낭설): 터무니없는 헛소문 • 風浪(풍랑): 바람과 물결	

	한국 한자	중국 번체자	중국 간체자	일본 약자
489	純 순수할 **순**	純 ㄔㄨㄣˊ(춘)	纯 chún(춘)	純 じゅん(준)
	´ ﾆ ﾆ ﾆ 糸 糸 糸 糸 紅 紅 純			
	純 純 純 純		• 純粹(순수): 다른 것이 섞이지 않음 • 單純(단순): 복잡하지 않고 간단함	
490	乘 탈 **승**	乘 ㄔㄥˊ(청)	乘 chéng(청)	乘 じょう(조)
	´ ﾆ ﾆ 千 千 千 乫 乖 乖 乘 乘			
	乘 乘 乘 乘		• 乘馬(승마): 말을 탐 • 搭乘(탑승): 비행기에 올라 탐	
491	耕 밭갈 **경**	耕 ㄍㄥ¯(경)	耕 gēng(경)	耕 こう(고)
	´ ﾆ ﾆ 丰 耂 耒 耒 耒 耕 耕			
	耕 耕 耕 耕		• 耕作(경작): 땅을 갈아 농사를 지음 • 農耕(농경): 논밭을 갈아 농사를 지음	
492	悟 깨달을 **오**	悟 ㄨˋ(우)	悟 wù(우)	悟 ご(고)
	´ ﾊ ﾊ 忄 忄 忴 悟 悟 悟 悟 悟			
	悟 悟 悟 悟		• 悟悔(오회): 잘못을 깨닫고 뉘우침 • 覺悟(각오): 마음의 준비	

493

한국 한자	중국 번체자	중국 간체자	일본 약자
泰	泰	泰	泰
클 태	ㄊㄞˋ(타이)	tài(타이)	たい(다이)

一 二 三 声 夫 泰 泰 泰 泰 泰

泰 泰 泰 泰
- 泰山(태산): 높고 큰 산
- 國泰(국태): 나라가 태평함

494

한국 한자	중국 번체자	중국 간체자	일본 약자
浮	浮	浮	浮
뜰 부	ㄈㄨˊ(푸)	fú(푸)	ふ(후)

丶 丶 氵 氵 浮 浮 浮 浮 浮 浮

浮 浮 浮 浮
- 浮揚(부양): 가라앉은 것이 떠오름
- 浮浮(부부): 둥둥 떠있는 모양

495

한국 한자	중국 번체자	중국 간체자	일본 약자
胸	胸	胸	胸
가슴 흉	ㄒㄩㄥˉ(슝)	xiōng(슝)	きょう(교)

丿 刀 月 月 肪 肜 胊 胸 胸

胸 胸 胸 胸
- 胸襟(흉금): 가슴속에 품은 생각
- 心胸(심흉): 가슴속 깊이 간직한 마음

496

한국 한자	중국 번체자	중국 간체자	일본 약자
栽	栽	栽	栽
심을 재	ㄗㄞˉ(짜이)	zāi(짜이)	さい(사이)

一 十 土 圥 圭 圭 表 栽 栽 栽

栽 栽 栽 栽
- 栽植(재식): 농작물이나 나무를 심음
- 植栽(식재): 초목을 심어 가꿈

	한국 한자	중국 번체자	중국 간체자	일본 약자
497	勉	勉	勉	勉
	힘쓸 **면**	ㄇㄧㄢˇ(미엔)	miǎn(미엔)	べん(벤)
	ノ ク ケ ゲ 免 免 免 免 勉			
	勉 勉 勉 勉		• 勉學(면학): 배움에 힘씀 • 勤勉(근면): 부지런히 노력함	
498	眠	眠	眠	眠
	잘 **면**	ㄇㄧㄢˊ(미엔)	mián(미엔)	みん(민)
	l 冂 冂 冃 月 目 盽 盽 盱 眠 眠			
	眠 眠 眠 眠		• 眠食(면식): 침식(寢食) • 睡眠(수면): 잠을 잠	
499	浴	浴	浴	浴
	목욕할 **욕**	ㄩˋ(위)	yù(위)	よく(요쿠)
	ヽ ヾ 氵 氵 沙 浴 浴 浴 浴 浴			
	浴 浴 浴 浴		• 浴室(욕실): 목욕할 수 있는 방 • 沐浴(목욕): 머리를 감으며 몸을 씻는 일	
500	國	國	国	国
	나라 **국**	ㄍㄨㄛˊ(궈)	guó(궈)	こく(고쿠)
	l 冂 冂 冂 同 同 同 國 國 國 國			
	國 國 國 國		• 國防(국방): 외적에 대한 국가의 방비 • 外國(외국): 자기 나라 밖의 딴 나라	

	한국 한자	중국 번체자	중국 간체자	일본 약자
501	得	得	得	得
	얻을 득	ㄉㄜˊ(더)	dé(더)	とく(도쿠)
	ノ ノ ⺅ ⺅ ⼻ ⼻ ⼻ 徨 得 得 得			
	得 得 得 得	・得失(득실): 얻음과 잃음 ・所得(소득): 수입이 되는 이익		
502	動	動	动	動
	움직일 동	ㄉㄨㄥˋ(둥)	dòng(둥)	どう(도)
	ノ ㇒ ⺈ 缶 缶 盲 盲 重 重 動 動			
	動 動 動 動	・動機(동기): 일을 발동시키는 계기 ・移動(이동): 움직여 옮김		
503	都	都	都	都
	도읍 도	ㄉㄨ˜(두)	dū(두)	と(도)
	一 十 土 耂 耂 耂 者 者 者 者 都 都			
	都 都 都 都	・都心(도심): 도시의 중심부 ・首都(수도): 중앙 정부가 있는 도시		
504	進	進	进	進
	나아갈 진	ㄐㄧㄣˋ(진)	jìn(진)	しん(신)
	ノ ⺅ ⺅ 隹 隹 隹 隹 隹 進 進 進 進			
	進 進 進 進	・進行(진행): 앞으로 나아감 ・促進(촉진): 재촉해 나아가게 함		

	한국 한자	중국 번체자	중국 간체자	일본 약자
505	着 붙을 **착**	着 ㄓㄨㄛˊ(줘)	着 zhuó(줘)	着 ちゃく(자쿠)
	`丶 丷 丷 ⴺ 半 羊 羊 着 着 着`			
	着 着 着 着			• 着手(착수): 손을 대어 일을 시작함 • 附着(부착): 붙어서 떨어지지 않음
506	部 떼 **부**	部 ㄅㄨˋ(부)	部 bù(부)	部 ぶ(부)
	`丶 亠 ㇏ 立 产 咅 咅 咅 咅 部 部`			
	部 部 部 部			• 部分(부분): 전체를 이루는 작은 범위 • 全部(전부): 사물의 모두
507	問 물을 **문**	問 ㄨㄣˋ(원)	问 wèn(원)	問 もん(몬)
	`丨 冂 冂 冃 冃 門 門 門 問 問 問`			
	問 問 問 問			• 問安(문안): 웃어른에게 안부를 여�쭘 • 訪問(방문): 남을 찾아가 봄
508	從 좇을 **종**	從 ㄘㄨㄥˊ(충)	从 cóng(충)	従 じゅう(주)
	`丿 彳 彳 彳 彳 彳 從 從 從 從 從`			
	從 從 從 從			• 從事(종사): 어떤 일에 매달려 일함 • 服從(복종): 남의 의사를 따라서 좇음

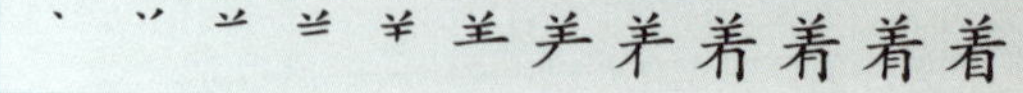

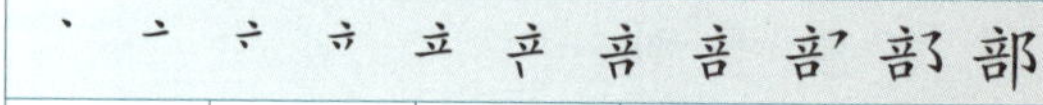

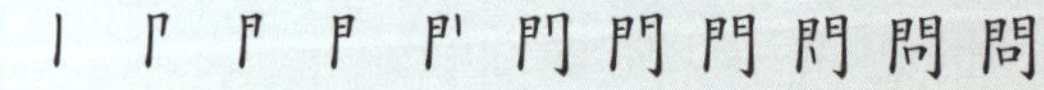

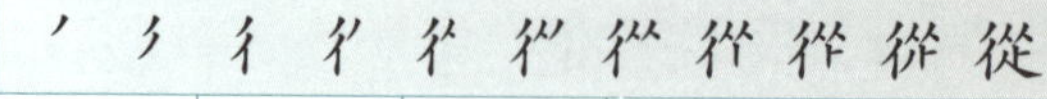

	한국 한자	중국 번체자	중국 간체자	일본 약자
509	現 나타날 **현**	現 ㄒㄧㄢˋ(셴)	現 xiàn(셴)	現 げん(겐)

一 二 干 王 钼 玑 玗 珇 珇 珇 現

・現實(현실): 현재의 사실이나 형편
・實現(실현): 실제로 나타남

	한국 한자	중국 번체자	중국 간체자	일본 약자
510	著 나타날 **저**	著 ㄓㄨˋ(주)	著 zhù(주)	著 ちょ(조)

一 十 艹 丼 丼 丼 芏 荖 荖 荖 菨 著 著

・著作(저작): 책을 지어냄
・顯著(현저): 뚜렷이 심하게 드러남

	한국 한자	중국 번체자	중국 간체자	일본 약자
511	理 다스릴 **리**	理 ㄌㄧˇ(리)	理 lǐ(리)	理 り(리)

一 二 干 王 珇 玑 玾 玾 珇 理 理

・理由(이유): 까닭, 사유, 내력
・總理(총리): 전체를 모두 관리함

	한국 한자	중국 번체자	중국 간체자	일본 약자
512	第 차례 **제**	第 ㄉㄧˋ(디)	第 dì(디)	第 だい(다이)

ノ 卜 丼 竻 竻 筑 笁 笁 笁 第 第

・第一(제일): 첫째
・及第(급제): 시험, 검사에 합격함

513

將	將	将	将
장수 **장**	ㅐ ㅣ 尢`(장)	jiàng(장)	しょう(쇼)

丨 丬 丬 爿 爿 將 將 將 將 將 將

將	將	將	將	• 將帥(장수): 군사를 거느리는 우두머리 • 主將(주장): 팀을 통솔하는 선수

514

情	情	情	情
뜻 **정**	ㄑㅣㄥˊ(칭)	qíng(칭)	じょう(조)

丶 丶 忄 忄 忄 忄 情 情 情 情

情	情	情	情	• 情況(정황): 사정과 상황 • 事情(사정): 일의 형편이나 까닭

515

常	常	常	常
항상 **상**	彳尢ˊ(창)	cháng(창)	じょう(조)

丶 丶 丷 丷 甴 尚 常 常 常 常 常

常	常	常	常	• 常勤(상근): 상시 근무함 • 恒常(항상): 시간적으로 끊임없이

516

接	接	接	接
이을 **접**	ㅐㅣ ㅅㅔˉ(제)	jiē(제)	せつ(세쓰)

一 扌 扌 扩 扩 护 护 接 接 接

接	接	接	接	• 接近(접근): 가까이 닿음 • 密接(밀접): 빈틈없이 가깝게 맞닿음

	한국 한자	중국 번체자	중국 간체자	일본 약자

517

한국 한자	중국 번체자	중국 간체자	일본 약자
設	設	设	設
베풀 **설**	ㄕㄜˋ(서)	shè(서)	せつ(세쓰)

`丶 亠 三 言 言 言 言 訳 設 設`

設	設	設	設

- 設問(설문): 문제나 물음을 냄
- 建設(건설): 건물 따위를 만들어 세움

518

許	許	许	許
허락할 **허**	ㄒㄩˇ(쉬)	xǔ(쉬)	きょ(교)

`丶 亠 三 言 言 言 言 許 許 許`

許	許	許	許

- 許諾(허락): 청을 들어 줌
- 不許(불허): 허락하지 아니함

519

務	務	务	務
힘쓸 **무**	ㄨˋ(우)	wù(우)	む(무)

`フ マ ヌ 予 矛 矛 矛 矛 務 務`

務	務	務	務

- 務實(무실): 참되도록 힘씀
- 勤務(근무): 직무에 종사하는 것

520

基	基	基	基
터 **기**	ㄐㄧ(지)	jī(지)	き(기)

`一 十 甘 甘 甘 甘 其 其 其 基 基`

基	基	基	基

- 基盤(기반): 사물의 밑바탕, 터전
- 家基(가기): 집터, 집에 딸린 터전

	한국 한자	중국 번체자	중국 간체자	일본 약자
521	深 깊을 **심**	深 ㄕㄣ⁻(선)	深 shēn(선)	深 しん(신)
	丶 丶 氵 氵 氵 氵 深 深 深 深 深			
	深 深 深 深		• 深夜(심야): 깊은 밤 • 水深(수심): 물의 깊이	
522	處 곳 **처**	處 彳ㄨˋ(추)	处 chù(추)	処 しょ(쇼)
	丶 丶 十 上 户 户 虍 虍 虐 處 處 處			
	處 處 處 處		• 處事(처사): 일을 처리함 • 傷處(상처): 몸의 다친 자리	
523	眼 눈 **안**	眼 丨ㄢˇ(옌)	眼 yǎn(옌)	眼 がん(간)
	丨 冂 冃 冃 目 目 目 目 眼 眼 眼			
	眼 眼 眼 眼		• 眼界(안계): 눈으로 볼 수 있는 범위 • 肉眼(육안): 표면적인 현상만을 보는 것	
524	望 바랄 **망**	望 ㄨㄤˋ(왕)	望 wàng(왕)	望 ぼう(보)
	丶 丶 亡 亡 切 胡 胡 胡 望 望 望			
	望 望 望 望		• 望鄉(망향): 고향을 그리고 생각함 • 失望(실망): 희망을 잃어버림	

	한국 한자	중국 번체자	중국 간체자	일본 약자
525	商 헤아릴 **상**	商 ㄕㄤ⁻(상)	商 shāng(상)	商 しょう(쇼)
	丶 亠 亠 立 产 产 产 商 商 商			
	商　商　商　商		• 商人(상인): 징사하는 사람 • 協商(협상): 여럿이 서로 의논함	
526	習 익힐 **습**	習 ㄒㄧˊ(시)	习 xí(시)	習 しゅう(슈)
	丁 丁 刁 刁 羽 羽 羽 習 習 習			
	習　習　習　習		• 習性(습성): 버릇이 되어 버린 성질 • 自習(자습): 제 스스로 배워서 익힘	
527	參 참여할 **참**	參 ㄘㄢ⁻(찬)	参 cān(찬)	参 さん(산)
	厶 厶 厽 厽 厽 参 突 叅 參 參			
	參　參　參　參		• 參席(참석): 자리에 참여함 • 不參(불참): 참석하지 아니함	
528	婚 혼인할 **혼**	婚 ㄏㄨㄣ⁻(훈)	婚 hūn(훈)	婚 こん(곤)
	乚 乣 女 女 妖 妖 妖 娇 娇 婚 婚			
	婚　婚　婚　婚		• 婚姻(혼인): 장가들고 시집가는 일 • 離婚(이혼): 혼인 관계를 끊는 일	

	한국 한자	중국 번체자	중국 간체자	일본 약자
529	球	球	球	球
	공 구	ㄑ丨ㄡˊ(추)	qiú(추)	きゅう(규)
	一 二 Ŧ Ŧ Ŧ 玎 玎 玎 球 球 球			
	球　球　球　球		• 球形(구형): 공처럼 둥근 모양 • 地球(지구): 인류가 사는 천체	
530	細	細	细	細
	가늘 세	ㄒ丨ˋ(시)	xì(시)	さい(사이)
	ㄥ ㄥ ㄠ ㄠ 糸 糸 糸 紅 絅 細 細			
	細　細　細　細		• 細心(세심): 꼼꼼하여 빈틈없음 • 零細(영세): 살림이 보잘것없음	
531	推	推	推	推
	밀 추	ㄊㄨㄟˉ(투이)	tuī(투이)	すい(스이)
	一 扌 扌 扩 扩 护 扴 抪 抪 推 推			
	推　推　推　推		• 推進(추진): 밀고 나아감 • 考推(고추): 살피어 추리함	
532	族	族	族	族
	겨레 족	ㄗㄨˊ(쭈)	zú(쭈)	ぞく(조쿠)
	丶 亠 方 方 方 扩 扩 族 族 族			
	族　族　族　族		• 族屬(족속): 같은 종문의 겨레붙이 • 遺族(유족): 사망자의 남은 가족	

	한국 한자	중국 번체자	중국 간체자	일본 약자
533	船	船	船	船
	배 선	ㄔㄨㄢˊ(촨)	chuán(촨)	せん(센)
	′ ⺁ ⺁ ⺁ 舟 舟 舟 舡 舡 船 船			
	船 船 船 船	• 船員(선원): 신박의 승무원 • 漁船(어선): 고기잡이 하는 배		
534	魚	魚	鱼	魚
	고기 어	ㄩˊ(위)	yú(위)	ぎょ(교)
	′ ⺈ ⺈ 乛 乛 备 鱼 魚 魚 魚 魚			
	魚 魚 魚 魚	• 魚貝(어패): 물고기와 조개 • 長魚(장어): 뱀장어의 준말		
535	婦	婦	妇	婦
	아내 부	ㄈㄨˋ(푸)	fù(푸)	ふ(후)
	⺁ 乆 女 女′ 女⺕ 女⺕ 妒 婦 婦 婦			
	婦 婦 婦 婦	• 婦人(부인): 결혼한 여자 • 新婦(신부): 갓 결혼한 색시		
536	黃	黃	黃	黃
	누를 황	ㄏㄨㄤˊ(황)	huáng(황)	こう(고)
	一 十 卄 丗 丗 芇 芇 苦 苗 黄 黄			
	黃 黃 黃 黃	• 黃昏(황혼): 해가 기운때를 말함 • 朱黃(주황): 붉은색을 띤 노랑		

	한국 한자	중국 번체자	중국 간체자	일본 약자
537	視 볼 **시**	視 ㄕˋ(스)	視 shì(스)	視 し(시)
	ー ニ 〒 〒 示 示 示 枧 祠 祠 祠 視 視			• 視野(시야): 시력이 미치는 범위 • 無視(무시): 깔보거나 업신여김
538	責 꾸짖을 **책**	責 ㄗㄜˊ(쩌)	責 zé(쩌)	責 せき(세키)
	ー ニ 〒 韦 主 丯 青 青 青 青 責 責			• 責任(책임): 도맡아 해야 할 임무 • 叱責(질책): 꾸짖어서 나무람
539	密 빽빽할 **밀**	密 ㄇㄧˋ(미)	密 mì(미)	密 みつ(미쓰)
	、 丷 宀 宀 宓 宓 宓 密 宻 密 密			• 密着(밀착): 단단히 달라붙음 • 緻密(치밀): 자세하고 꼼꼼함
540	貨 재화 **화**	貨 ㄏㄨㄛˋ(훠)	貨 huò(훠)	貨 か(가)
	ノ イ 亻 化 化 貨 貨 貨 貨 貨 貨			• 貨物(화물): 운반가능한 물품의 총칭 • 外貨(외화): 외국의 화폐

	한국 한자	중국 번체자	중국 간체자	일본 약자
541	救 구원할 **구** 一 十 十 才 求 求 求 求 救	救 ㄐㄧㄡˋ(주)	救 jiù(주)	救 きゅう(규)
		救出(구출): 위험한 상태에서 구해 냄 自救(자구): 스스로를 구함		
542	終 마칠 **종** ㄴ ㄴ ㄠ 乡 糸 糸 終 終 終 終	終 ㄓㄨㄥ⁻(중)	终 zhōng(중)	終 しゅう(슈)
		終了(종료): 일을 마침 臨終(임종): 목숨이 끊어지려 할 때		
543	停 머무를 **정** 丿 亻 亻 仁 广 广 停 停 停 停 停	停 ㄊㄧㄥˊ(팅)	停 tíng(팅)	停 てい(데이)
		停滯(정체): 한자리에 머물러 그침 調停(조정): 분쟁의 중간에서 화해시킴		
544	章 글 **장** 丶 亠 亠 立 产 音 音 音 童 章	章 ㄓㄤ⁻(장)	章 zhāng(장)	章 しょう(쇼)
		章典(장전): 법칙이나 규칙을 적은 글 文章(문장): 생각 등을 글로 표현한 것		

	한국 한자	중국 번체자	중국 간체자	일본 약자
545	頂	頂	顶	頂
	정수리 **정**	ㄉㄧㄥˇ(딩)	dǐng(딩)	ちょう(조)
	一 丁 丁 丌 顶 顶 顶 頂 頂 頂			
	頂 頂 頂 頂	• 頂上(정상): 산꼭대기 • 絶頂(절정): 사물의 치오른 극도		
546	假	假	假	仮
	거짓 **가**	ㄐㄧㄚˇ(자)	jiǎ(자)	か(가)
	ノ 亻 亻 个 伊 伊 作 作 假 假 假			
	假 假 假 假	• 假飾(가식): 언행을 거짓으로 꾸밈 • 虛假(허가): 미더움이 없는 사물		
547	訪	訪	访	訪
	찾을 **방**	ㄈㄤˇ(팡)	fǎng(팡)	ほう(호)
	丶 亠 亖 言 言 言 言 訪 訪 訪			
	訪 訪 訪 訪	• 訪韓(방한): 한국을 방문함 • 巡訪(순방): 차례로 돌아가며 방문함		
548	野	野	野	野
	들 **야**	ㄧㄝˇ(예)	yě(예)	や(야)
	丶 口 日 日 旦 甲 里 野 野 野 野			
	野 野 野 野	• 野菜(야채): 들에서 나는 나물 • 平野(평야): 평평한 넓은 들		

	한국 한자	중국 번체자	중국 간체자	일본 약자
549	麥 보리 **맥**	麥 ㄇㄞˋ(마이)	麦 mài(마이)	麦 ばく(바쿠)
	` 一 ⁻ ⺀ ᅏ ᅏ ᅑ ᅏ 夾 來 麥 麥`			
	麥　麥　麥　麥	· 麥芽(맥아): 엿기름 · 菽麥(숙맥): 콩과 보리, 어리석은 사람		
550	唱 부를 **창**	唱 彳九ˋ(창)	唱 chàng(창)	唱 しょう(쇼)
	`丨 冂 冖 卩 叩 叩 唱 唱 唱 唱`			
	唱　唱　唱　唱	· 唱曲(창곡): 노래하기 위한 곡조 · 提唱(제창): 처음으로 주장함		
551	菜 나물 **채**	菜 ㄘㄞˋ(차이)	菜 cài(차이)	菜 さい(사이)
	`一 十 艹 艹 芍 芍 苹 芫 苹 菜 菜`			
	菜　菜　菜　菜	· 菜食(채식): 푸성귀 반찬만 먹음 · 冷菜(냉채): 차게 해서 먹는 채		
552	堂 집 **당**	堂 ㄊㄤˊ(탕)	堂 táng(탕)	堂 どう(도)
	`丨 丨 丬 丬 丬 丱 峃 峃 堂 堂 堂`			
	堂　堂　堂　堂	· 堂直(당직): 숙직 따위의 당번이 됨 · 祠堂(사당): 조상의 신주를 모셔 놓은 집		

	한국 한자	중국 번체자	중국 간체자	일본 약자
553	移	移	移	移
	옮길 **이**	ㅣˊ(이)	yí(이)	い(이)
	ノ 二 千 禾 禾 禾 移 移 移 移 移			
	移　移　移　移		・移動(이동): 움직여 옮김 ・轉移(전이): 다른 곳으로 옮기는 것	
554	異	異	异	異
	다를 **이**	ㅣˋ(이)	yì(이)	い(이)
	ㅣ 冂 日 田 田 甲 匣 畢 畢 異 異			
	異　異　異　異		・異常(이상): 정상이 아닌 상태 ・特異(특이): 특별히 다름	
555	脫	脫	脫	脫
	벗을 **탈**	ㄊㄨㄛˉ(퉈)	tuō(퉈)	だつ(다쓰)
	ノ 几 月 月 月 肘 肘 脘 脘 脘 脫			
	脫　脫　脫　脫		・脫黨(탈당): 당원이 당적을 떠남 ・離脫(이탈): 떨어져 나감	
556	執	執	执	執
	잡을 **집**	ㄓˊ(즈)	zhí(즈)	しつ(시쓰)
	一 十 土 去 去 坴 坴 幸 軌 執 執			
	執　執　執　執		・執行(집행): 일을 잡아 행함 ・固執(고집): 자기의 의견만 내세움	

	한국 한자	중국 번체자	중국 간체자	일본 약자
557	貧 가난할 **빈**	貧 ㄆㄧㄣˊ(핀)	贫 pín(핀)	貧 ひん(힌)
	ノ 八 分 分 分 岔 岔 岔 笞 貧 貧			
	貧 貧 貧 貧		• 貧困(빈곤): 궁색하여 살기 어려움 • 淸貧(청빈): 욕심이 없어 살림이 가난함	
558	敗 패할 **패**	敗 ㄅㄞˋ(바이)	败 bài(바이)	敗 はい(하이)
	丨 冂 冂 月 目 貝 貝 貝 貯 敗 敗			
	敗 敗 敗 敗		• 敗北(패배): 싸움에 져서 도망함 • 慘敗(참패): 참혹하게 패함	
559	混 섞일 **혼**	混 ㄏㄨㄣˋ(훈)	混 hùn(훈)	混 こん(곤)
	丶 丶 氵 氵 沪 沪 沪 沪 混 混 混			
	混 混 混 混		• 混亂(혼란): 어지럽고 질서가 없음 • 混用(혼용): 섞어서 씀	
560	探 찾을 **탐**	探 ㄊㄢˋ(탄)	探 tàn(탄)	探 たん(단)
	一 ナ オ 扌 扩 扩 捽 捽 探 探			
	探 探 探 探		• 探訪(탐방): 탐문하여 찾아봄 • 試探(시탐): 시험 삼아 찾아봄	

	한국 한자	중국 번체자	중국 간체자	일본 약자
561	盛 무성할 **성**	盛 ㄕㄥˋ(성)	盛 shèng(성)	盛 せい(세이)

丿 ㄏ ㄏ 万 成 成 成 盛 盛 盛 盛

盛	盛	盛	盛	• 盛典(성전): 성대한 의식 • 茂盛(무성): 풀 따위가 자라 우거짐

	한국 한자	중국 번체자	중국 간체자	일본 약자
562	鳥 새 **조**	鳥 ㄋㄧㄠˇ(냐오)	鸟 niǎo(냐오)	鳥 ちょう(조)

丿 ㇒ 冂 冃 鳥 鳥 鳥 鳥 鳥 鳥 鳥

鳥	鳥	鳥	鳥	• 鳥籠(조롱): 새를 넣어 기르는 장 • 國鳥(국조): 나라를 대표하는 새

	한국 한자	중국 번체자	중국 간체자	일본 약자
563	陸 뭍 **육**	陸 ㄌㄨˋ(루)	陆 lù(루)	陸 りく(리쿠)

丶 ㇀ ㇖ ㇖ ㇖ 陸 陸 陸 陸 陸 陸

陸	陸	陸	陸	• 陸軍(육군): 육지에서 싸우는 군대 • 離陸(이륙): 날기 위하여 땅에서 떠오름

	한국 한자	중국 번체자	중국 간체자	일본 약자
564	陰 그늘 **음**	陰 ㄧㄣ(인)	阴 yīn(인)	陰 いん(인)

丶 ㇀ ㇖ ㇖ ㇖ 陰 陰 陰 陰 陰 陰

陰	陰	陰	陰	• 陰凶(음흉): 마음이 음침하고 흉악함 • 綠陰(녹음): 푸른 나뭇잎의 그늘

	한국 한자	중국 번체자	중국 간체자	일본 약자
565	欲	欲	欲	欲
	바랄 **욕**	ㄩˋ(위)	yù(위)	よく(요쿠)
	´ ´ グ 夂 夲 谷 谷 谷 谷 欲 欲			
	欲 欲 欲 欲		• 欲心(욕심): 분수에 넘치게 탐내는 마음 • 利欲(이욕): 이익을 탐내는 욕심	
566	閉	閉	闭	閉
	닫을 **폐**	ㄅㄧˋ(비)	bì(비)	へい(헤이)
	ㅣ �尸 尸 尸 尸 門 門 門 門 閉 閉			
	閉 閉 閉 閉		• 閉會(폐회): 집회 또는 회의를 마침 • 密閉(밀폐): 샐 틈이 없이 꼭 막거나 닫음	
567	唯	唯	唯	唯
	오직 **유**	ㄨㄟˊ(웨이)	wéi(웨이)	ゆい(유이)
	ㅣ ㄇ ㅁ ㅁ 听 吖 吀 咋 咋 唯 唯			
	唯 唯 唯 唯		• 唯一(유일): 오직 그것 하나 뿐임 • 唯獨(유독): 홀로 두드러지게	
568	雪	雪	雪	雪
	눈 **설**	ㄒㄩㄝˇ(쉐)	xuě(쉐)	せつ(세쓰)
	´ ´ ´ ㄷ 乕 乕 乕 雨 雫 雫 雪 雪 雪			
	雪 雪 雪 雪		• 雪景(설경): 눈 내리는 경치 • 暴雪(폭설): 갑자기 많이 내리는 눈	

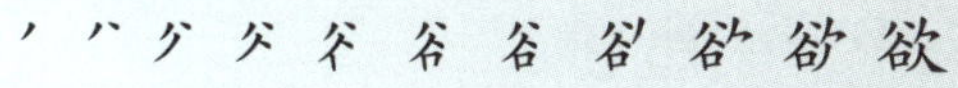

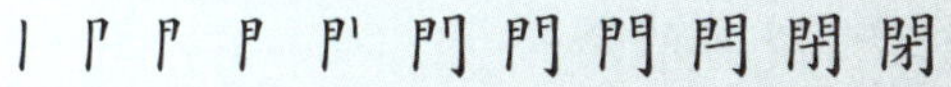

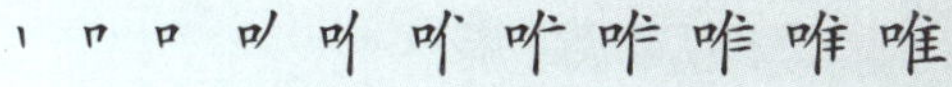

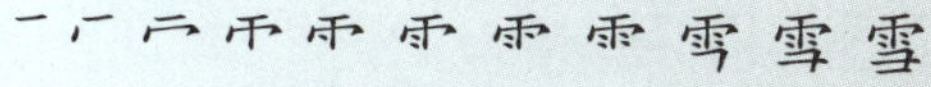

	한국 한자	중국 번체자	중국 간체자	일본 약자

569

한국 한자	중국 번체자	중국 간체자	일본 약자
淨	淨	净	浄
깨끗할 **정**	ㄐㄧㄥˋ(징)	jìng(징)	じょう(조)

丶 丶 氵 氵 氵 氵 浄 浄 浄 浄

淨 淨 淨 淨

- 淨化(정화): 깨끗하게 함
- 淸淨(청정): 맑고 깨끗함

570

한국 한자	중국 번체자	중국 간체자	일본 약자
淺	淺	浅	淺
얕을 **천**	ㄑㄧㄢˇ(첸)	qiǎn(첸)	せん(센)

丶 丶 氵 氵 汁 浅 浅 淺 淺 淺 淺

淺 淺 淺 淺

- 淺薄(천박): 학문이나 생각이 얕음
- 鄙淺(비천): 천박하고 상스러움

571

한국 한자	중국 번체자	중국 간체자	일본 약자
虛	虛	虚	虚
빌 **허**	ㄒㄩˉ(쉬)	xū(쉬)	きょ(교)

丨 丨 ト 卢 卢 虍 虎 虛 虛 虛 虛 虛

虛 虛 虛 虛

- 虛點(허점): 비거나 허술한 부분
- 謙虛(겸허): 겸손하게 자기를 낮춤

572

한국 한자	중국 번체자	중국 간체자	일본 약자
惜	惜	惜	惜
아낄 **석**	ㄒㄧˉ(시)	xī(시)	せき(세키)

丶 丶 忄 忄 忄 忤 惜 惜 惜 惜 惜

惜 惜 惜 惜

- 惜別(석별): 서로 애틋하게 이별함
- 哀惜(애석): 슬프고 안타까움

	한국 한자	중국 번체자	중국 간체자	일본 약자
573	授 줄 **수**	授 ㄕㄡˋ(서우)	授 shòu(서우)	授 じゅ(주)
	一 十 扌 扌 扚 扚 扚 扚 拶 拶 授			
	授　授　授　授		• 授受(수수): 주고 받음 • 傳授(전수): 차례차례로 전하여 줌	
574	患 근심 **환**	患 ㄏㄨㄢˋ(환)	患 huàn(환)	患 かん(간)
	丶 口 口 吕 吕 吕 串 串 患 患 患			
	患　患　患　患		• 患者(환자): 병을 앓는 사람 • 憂患(우환): 근심이나 걱정되는 일	
575	宿 잘 **숙**	宿 ㄙㄨˋ(쑤)	宿 sù(쑤)	宿 しゅく(슈쿠)
	丶 宀 宀 宀 宁 宿 宿 宿 宿 宿 宿			
	宿　宿　宿　宿		• 宿願(숙원): 오래도록 지녀온 소원 • 寄宿(기숙): 남의 집에서 기거함	
576	涼 서늘할 **량**	涼 ㄌㄧㄤˊ(량)	涼 liáng(량)	涼 りょう(료)
	丶 丶 氵 氵 汀 沪 沪 泸 淳 涼 涼			
	涼　涼　涼　涼		• 涼風(양풍): 서늘한 바람 • 淸涼(청량): 맑고 서늘함	

	한국 한자	중국 번체자	중국 간체자	일본 약자
577	晝 낮 **주**	晝 ㄓㄡˋ(저우)	昼 zhòu(저우)	昼 ちゅう(주)

｀ ｺ ㅋ ㅋ 聿 晝 晝 晝 晝 晝 晝

晝	晝	晝	晝	• 晝夜(주야): 낮과 밤 • 白晝(백주): 대낮

	한국 한자	중국 번체자	중국 간체자	일본 약자
578	崇 높을 **숭**	崇 ㄔㄨㄥˊ(충)	崇 chóng(충)	崇 すう(스)

丨 山 山 屴 崇 崇 崇 崇 崇 崇

崇	崇	崇	崇	• 崇拜(숭배): 우러러 공경함 • 尊崇(존숭): 존경하고 숭배함

	한국 한자	중국 번체자	중국 간체자	일본 약자
579	祭 제사 **제**	祭 ㄐㄧˋ(지)	祭 jì(지)	祭 さい(사이)

ノ ク タ タ 夕 奴 奴 怒 祭 祭 祭

祭	祭	祭	祭	• 祭壇(제단): 제사를 지내는 단 • 祝祭(축제): 축하의 제전(祭典)

	한국 한자	중국 번체자	중국 간체자	일본 약자
580	就 나아갈 **취**	就 ㄐㄧㄡˋ(주)	就 jiù(주)	就 しゅう(슈)

｀ 二 ㅜ 亠 亠 亨 京 京 京 訧 就 就

就	就	就	就	• 就任(취임): 맡은 자리에 처음으로 나아감 • 成就(성취): 목적대로 일을 이룸

	한국 한자	중국 번체자	중국 간체자	일본 약자
581	道 길 도	道 ㄉㄠˋ(다오)	道 dào(다오)	道 どう(도)
	`、 ` ` ` ` ` ` ` ` ` ` ` 首 首 道 道 道`			
	道　道　道　道		• 道路(도로): 사람, 차가 다니도록 만든 길 • 報道(보도): 일반에게 알리는 새로운 소식	
582	發 필 발	發 ㄈㄚ¯(파)	发 fā(파)	発 はつ(하쓰)
	`ㄱ ㄱ ㄱ ㄱ ㄱ 癶 癶 癶 發 發 發 發`			
	發　發　發　發		• 發表(발표): 널리 드러내어 세상에 알림 • 誘發(유발): 꾀어 일으킴	
583	過 지날 과	過 ㄍㄨㄛˋ(궈)	过 guò(궈)	過 か(가)
	`丨 冂 冂 冂 冎 咼 咼 咼 過 過 過 過`			
	過　過　過　過		• 過程(과정): 일이 되어 가는 경로 • 謝過(사과): 잘못에 대하여 용서를 빎	
584	等 등급 등	等 ㄉㄥˇ(덩)	等 děng(덩)	等 とう(도)
	`丿 广 ㄠ ㄠ 竺 竺 竺 等 竺 笁 等 等`			
	等　等　等　等		• 等價(등가): 가치 혹은 가격이 같음 • 平等(평등): 두루 한결같이 차별이 없음	

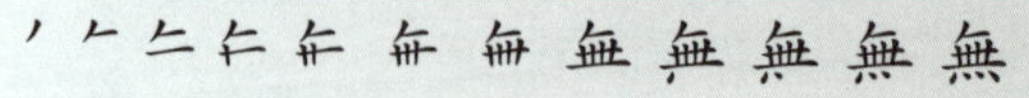

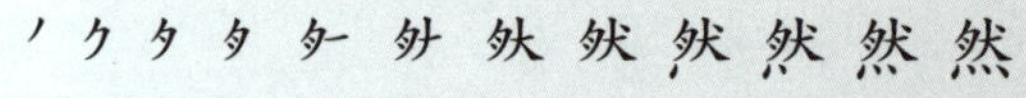

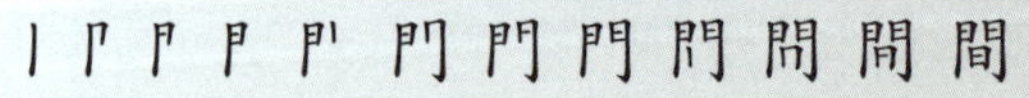

	한국 한자	중국 번체자	중국 간체자	일본 약자
585	無 없을 **무**	無 ㄨˊ(우)	无 wú(우)	無 む(무)
	ノ ▷ ⺤ ⺦ ⺦ 缶 缶 無 無 無 無			
	無　無　無　無	• 無關(무관): 관계가 없음 • 虛無(허무): 매우 허전하고 쓸쓸함		
586	然 그러할 **연**	然 ㅁㄢˊ(란)	然 rán(란)	然 ぜん(젠)
	ノ ク タ タ タ 外 妖 然 然 然 然 然			
	然　然　然　然	• 然後(연후): 그러한 뒤 • 偶然(우연): 뜻하지 않게 이러난 일		
587	間 사이 **간**	間 ㄐㄧㄢ⁻(젠)	间 jiān(젠)	間 かん(간)
	｜ ｒ ｒ ｒ ｒ 門 門 門 間 間 間			
	間　間　間　間	• 間隔(간격): 물건 사이의 거리 • 瞬間(순간): 극히 짧은 시간		
588	量 헤아릴 **량**	量 ㄌㄧ�大ˊ(량)	量 liáng(량)	量 りょう(료)
	｜ �口 口 旦 旦 昌 昌 昌 量 量 量			
	量　量　量　量	• 量的(양적): 양으로 따지는 모양 • 計量(계량): 분량을 계산하는 일		

| 589 | 幾 | 幾 | 几 | 幾 |
| | 기미 **기** | ㄐㄧˉ(지) | jī(지) | き(기) |

丿 ㄠ ㄠ ㄠ' ㄠㄠ ㄠㄠ ㄠㄠ ㅛㅛ ㅛㅛ 幾 幾 幾

幾　幾　幾　幾
- 幾回(기회): 몇 차례, 몇 번
- 未幾(미기): 동안이 얼마 오래지 않음

| 590 | 最 | 最 | 最 | 最 |
| | 가장 **최** | ㄗㄨㄟˋ(쭈이) | zuì(쭈이) | さい(사이) |

丨 冂 冂 曰 旦 旱 最 最 最 最 最 最

最　最　最　最
- 最初(최초): 맨 처음
- 功最(공최): 가장 큰 공로

| 591 | 結 | 結 | 结 | 結 |
| | 맺을 **결** | ㄐㄧㄝˊ(졔) | jié(졔) | けつ(게쓰) |

丿 ㄠ ㄠ ㄠ 糸 糸 糸 紆 紝 結 結 結

結　結　結　結
- 結末(결말): 끝장, 일을 맺는 끝
- 締結(체결): 계약이나 조약 등을 맺음

| 592 | 給 | 給 | 给 | 給 |
| | 공급할 **급** | ㄍㄟˇ(게이) | gěi(게이) | きゅう(규) |

丿 ㄠ ㄠ 糸 糸 糸 糸 給 給 給 給 給

給　給　給　給
- 給水(급수): 물을 공급함
- 發給(발급): 증명서 따위를 내어 줌

	한국 한자	중국 번체자	중국 간체자	일본 약자
593	期	期	期	期
	기약할 **기**	ㄑㄧ⁻(치)	qī(치)	き(기)
	一 十 ㅐ ㅐ ㅐ 其 其 其 期 期 期 期			
	期 期 期 期			• 期末(기말): 기간, 학기 따위의 끝 • 任期(임기): 임무를 맡아보는 일정한 기한
594	萬	萬	万	万
	일만 **만**	ㄨㄢˋ(완)	wàn(완)	まん(만)
	一 十 ㅐ ㅐ ㅕ 苧 苧 苗 莒 萬 萬 萬			
	萬 萬 萬 萬			• 萬物(만물): 세상에 있는 모든 것 • 數萬(수만): 매우 많은 수효
595	報	報	报	報
	갚을 **보**	ㄅㄠˋ(바오)	bào(바오)	ほう(호)
	一 十 土 �土 �097 �35 ㅍ 幸 幸 報 報 報			
	報 報 報 報			• 報復(보복): 원수를 갚음 • 通報(통보): 통지하여 보고함
596	運	運	运	運
	옮길 **운**	ㄩㄣˋ(윈)	yùn(윈)	うん(운)
	㇏ ㇀ ㄇ ㄇ ㄈ 官 官 官 官 軍 軍 軍 渾 運			
	運 運 運 運			• 運送(운송): 물건을 운반하여 보냄 • 厄運(액운): 액을 당할 운수

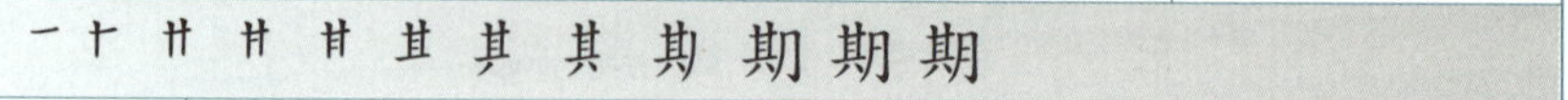

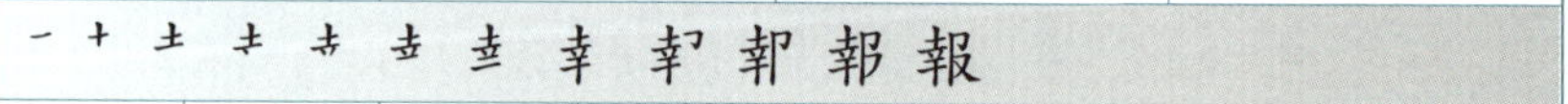

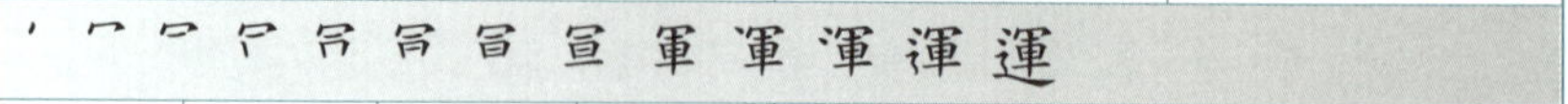

	한국 한자	중국 번체자	중국 간체자	일본 약자
597	極	極	极	極
	다할 **극**	ㄐㄧˊ(지)	jí(지)	きょく(교쿠)
	一 十 才 木 木 木 朽 朽 柯 柯 極 極 極			
	極 極 極 極	• 極甚(극심): 몹시 심함 • 窮極(궁극): 극도에 달하여 어찌할 수 없음		
598	統	統	统	統
	거느릴 **통**	ㄊㄨㄥˇ(퉁)	tǒng(퉁)	とう(도)
	𠂉 幺 幺 糸 糸 糸 糸 紅 紅 紘 統 統			
	統 統 統 統	• 統率(통솔): 온통 몰아서 거느림 • 傳統(전통): 계통을 받아 전함		
599	勞	勞	劳	労
	일할 **노**	ㄌㄠˊ(라오)	láo(라오)	ろう(로)
	丶 丷 火 火 火 炏 炏 炏 炏 𤇾 勞 勞			
	勞 勞 勞 勞	• 勞使(노사): 노무자와 고용주 • 勤勞(근로): 일정한 노무에 종사함		
600	場	場	场	場
	마당 **장**	ㄔㄤˇ(창)	chǎng(창)	じょう(조)
	一 十 土 土 坦 坦 坦 坦 埸 埸 場 場			
	場 場 場 場	• 場外(장외): 어떠한 처소의 바깥 • 賣場(매장): 물건을 파는 곳		

	한국 한자	중국 번체자	중국 간체자	일본 약자
601	達	達	达	達
	통달할 **달**	ㄅㄚˊ(다)	dá(다)	たつ(다쓰)
	一 十 土 キ 去 去 幸 幸 幸 達 達 達 達			
	達　達　達　達			• 達成(달성): 뜻한 바를 이룸 • 配達(배달): 물건을 나누어 돌림
602	單	單	单	単
	홑 **단**	ㄅㄢˉ(단)	dān(단)	たん(단)
	丶 丷 吅 吅 吅 吅 吅 吅 咒 罩 單 單			
	單　單　單　單			• 單獨(단독): 단 하나 • 簡單(간단): 간략하고 또렷함
603	須	須	须	須
	모름지기 **수**	ㄒㄩˉ(쉬)	xū(쉬)	しゅ(슈)
	丿 彡 彡 彡 彡 彡 豿 須 須 須 須 須			
	須　須　須　須			• 須要(수요): 꼭 소용이 됨, 필요 • 必須(필수): 꼭 필요로 함
604	備	備	备	備
	갖출 **비**	ㄟˋ(베이)	bèi(베이)	び(비)
	丿 亻 亻 亻 伫 伫 伊 俌 俌 備 備 備			
	備　備　備　備			• 備置(비치): 마련하여 갖추어 둠 • 準備(준비): 미리 마련하여 갖춤

	한국 한자	중국 번체자	중국 간체자	일본 약자

605

集	集	集	集
모을 집	ㄐㄧˊ(지)	jí(지)	しゅう(슈)

ノ イ イ´ ゲ 作 作 佳 佳 隹 隼 集 集

集	集	集	集

- 集團(집단): 여럿이 모어 이룬 모임
- 密集(밀집): 빈틈없이 빽빽하게 모임

606

勝	勝	胜	勝
이길 승	ㄕㄥˋ(성)	shèng(성)	しょう(쇼)

丿 刀 月 月 月 月` 胪 胖 胖 朕 勝 勝

勝	勝	勝	勝

- 勝利(승리): 겨루어 이김
- 名勝(명승): 훌륭하고 이름난 경치

607

遊	遊	游	遊
놀 유	ㄧㄡˊ(유)	yóu(유)	ゆう(유)

、 ㇐ ㇉ 方 方 犳 犳 斿 斿 游 游 遊

遊	遊	遊	遊

- 遊覽(유람): 돌아다니며 구경함
- 船遊(선유): 뱃놀이, 주유(舟遊)

608

喜	喜	喜	喜
기쁠 희	ㄒㄧˇ(시)	xǐ(시)	き(기)

一 十 士 吉 吉 吉 吉 吉 壴 喜 喜 喜

喜	喜	喜	喜

- 喜悲(희비): 기쁨과 슬픔
- 歡喜(환희): 매우 즐거움

	한국 한자	중국 번체자	중국 간체자	일본 약자
609	落 떨어질 **락**	落 ㄌㄨㄛˋ(뤄)	落 luò(뤄)	落 らく(라쿠)

一 十 艹 艹 艹 艹 艹 汸 莎 莎 莈 落 落

落　落　落　落
- 落下(낙하): 떨어져 내림
- 漏落(누락): 기록에서 빠짐

	한국 한자	중국 번체자	중국 간체자	일본 약자
610	黑 검을 흑	黑 ㄏㄟˉ(헤이)	黑 hēi(헤이)	黒 こく(고쿠)

丶 丨 冂 冂 罒 罒 罒 里 里 里 黑 黑 黑

黑　黑　黑　黑
- 黑色(흑색): 검은 빛
- 暗黑(암흑): 캄캄함

	한국 한자	중국 번체자	중국 간체자	일본 약자
611	買 살 매	買 ㄇㄞˇ(마이)	买 mǎi(마이)	買 ばい(바이)

丨 冂 罒 罒 罒 罒 罒 罒 胃 胃 買 買

買　買　買　買
- 買入(매입): 물건 따위를 사들임
- 購買(구매): 물건을 삼

	한국 한자	중국 번체자	중국 간체자	일본 약자
612	堅 굳을 견	堅 ㄐㄧㄢˉ(젠)	坚 jiān(젠)	堅 けん(겐)

一 丅 丆 彐 彐 臣 臣 臤 臤 堅 堅

堅　堅　堅　堅
- 堅固(견고): 굳세고 단단함
- 强堅(강견): 세고 단단함

	한국 한자	중국 번체자	중국 간체자	일본 약자
613	陽 볕 **양**	陽 ㅣ尢ˊ(양)	阳 yáng(양)	陽 よう(요)
	⁊ ⁊ ⁊ ⁊ ⁊ ⁊ ⁊ ⁊ ⁊ 陽 陽 陽			
	陽 陽 陽 陽		• 陽地(양지): 햇볕이 바로 드는 곳 • 夕陽(석양): 저녁나절의 해	
614	富 부자 **부**	富 ㄈㄨˋ(푸)	富 fù(푸)	富 ふ(후)
	⟋ ⟍ ⟍ ⟍ ⟍ ⟍ ⟍ ⟍ ⟍ ⟍ 富 富			
	富 富 富 富		• 富貴(부귀): 재산이 많고 지위가 높음 • 貧富(빈부): 가난함과 넉넉함	
615	答 대답할 **답**	答 ㄉㄚˊ(다)	答 dá(다)	答 とう(도)
	⟋ ⟍ ⟍ ⟍ ⟍ ⟍ ⟍ ⟍ ⟍ ⟍ 答 答 答			
	答 答 答 答		• 答辯(답변): 대답하여 변명함 • 誤答(오답): 그릇된 대답	
616	揚 날릴 **양**	揚 ㅣ尢ˊ(양)	扬 yáng(양)	揚 よう(요)
	⟍ ⟍ ⟍ ⟍ ⟍ ⟍ ⟍ ⟍ ⟍ 揚 揚 揚			
	揚 揚 揚 揚		• 揚名(양명): 이름을 드날림 • 揭揚(게양): 높이 거는 일	

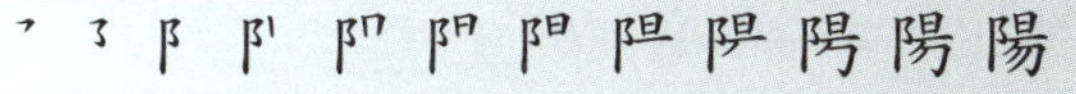

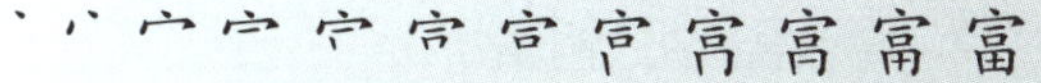

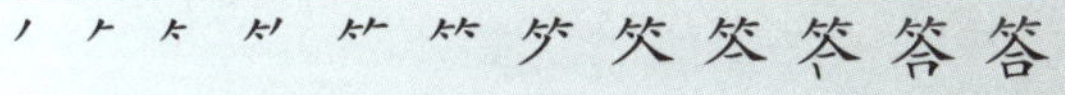

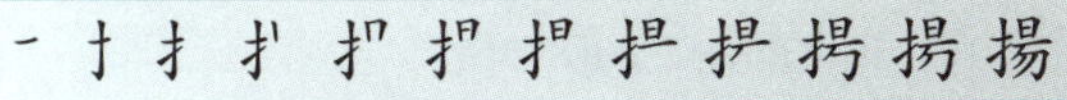

	한국 한자	중국 번체자	중국 간체자	일본 약자
617	葉 잎 **엽**	葉 丨ㅐˋ(예)	叶 yè(예)	葉 よう(요)
	一 十 艹 芹 芦 芦 苹 苹 苹 葦 葦 葉 葉			
	葉 葉 葉 葉		• 葉錢(엽전): 놋쇠로 만든 옛날 돈 • 落葉(낙엽): 떨어진 나뭇잎	
618	朝 아침 **조**	朝 ㅂㄠˉ(자오)	朝 zhāo(자오)	朝 ちょう(조)
	一 十 芐 古 古 卣 直 卓 휙 朝 朝 朝			
	朝 朝 朝 朝		• 朝刊(조간): 아침에 발행되는 신문 • 明朝(명조): 내일 아침	
619	雲 구름 **운**	雲 ㄩㄣˊ(윈)	云 yún(윈)	雲 うん(운)
	一 一 一 戶 币 雨 雫 雫 雯 雭 雲 雲 雲			
	雲 雲 雲 雲		• 雲集(운집): 구름처럼 많이 모임 • 風雲(풍운): 바람과 구름	
620	敢 감히 **감**	敢 ㄍㄢˇ(간)	敢 gǎn(간)	敢 かん(간)
	一 一 工 干 干 干 干 百 耵 耵 耵 敢			
	敢 敢 敢 敢		• 敢行(감행): 용감하게 행함 • 勇敢(용감): 용기 있어 과감함	

	한국 한자	중국 번체자	중국 간체자	일본 약자

621				
	圓	圓	圆	円
	둥글 원	ㄩㄢˊ(위안)	yuán(위안)	えん(엔)
	丨 冂 冂 冃 冃 冃 圓 圓 圓 圓 圓 圓 圓			
	圓 圓 圓 圓		• 圓滿(원만): 일의 진행이 순조로움 • 一圓(일원): 어느 지역의 전부	

622				
	畵	畫	画	画
	그림 화	ㄏㄨㄚˋ(화)	huà(화)	が(가)
	ㄱ ㅋ ㅋ ㅋ 聿 聿 書 書 書 畵 畵 畵			
	畵 畵 畵 畵		• 畵伯(화백): 화가의 높임말 • 壁畵(벽화): 벽에 그린 그림	

623				
	減	減	减	減
	덜 감	ㄐㄧㄢˇ(젠)	jiǎn(젠)	げん(겐)
	丶 丶 氵 氵 汇 汇 沥 沥 沥 減 減 減			
	減 減 減 減		• 減縮(감축): 덜리고 줄어서 적어짐 • 削減(삭감): 깎아서 줄이거나 덞	

624				
	短	短	短	短
	짧을 단	ㄉㄨㄢˇ(돤)	duǎn(돤)	たん(단)
	丿 丿 亅 午 矢 矢 矢 短 短 短 短 短			
	短 短 短 短		• 短期(단기): 짧은 기간 • 長短(장단): 장점과 단점	

	한국 한자	중국 번체자	중국 간체자	일본 약자
625	飯	飯	饭	飯
	밥 반	ㄈㄢˋ(판)	fàn(판)	はん(한)
	ノ ㇏ ㇏ ⺈ ㇇ ㇇ 㣺 㣺 㣺 㣺 飣 飯 飯			
	飯 飯 飯 飯			• 飯饌(반찬): 밥에 곁들여 먹는 음식 • 蔬飯(소반): 변변치 못한 음식
626	善	善	善	善
	착할 선	ㄕㄢˋ(산)	shàn(산)	ぜん(젠)
	ˋ ˇ ˇ ⺌ ⺌ ⺊ 羊 羊 羔 羔 善 善 善			
	考 考 考 考			• 善心(선심): 남을 구제하는 마음 • 改善(개선): 잘못을 고쳐 좋게 함
627	童	童	童	童
	아이 동	ㄊㄨㄥˊ(퉁)	tóng(퉁)	どう(도)
	ˋ ㇐ ㇒ ㇇ 立 产 音 音 音 音 童 童			
	童 童 童 童			• 童心(동심): 어린이의 마음 • 兒童(아동): 어린아이
628	散	散	散	散
	흩을 산	ㄙㄢˋ(싼)	sàn(싼)	さん(산)
	㇐ ㇐ 丗 丗 丗 昔 昔 昔 散 散 散 散			
	散 散 散 散			• 散漫(산만): 어수선하여 질서가 없음 • 分散(분산): 따로따로 흩어짐

	한국 한자	중국 번체자	중국 간체자	일본 약자
629	惡	惡	恶	悪
	악할 **악**	ㄜˋ(어)	è(어)	あく(아쿠)
	一 丅 丆 亞 亞 亞 亞 亞 亞 惡 惡 惡			
	惡 惡 惡 惡	• 惡化(악화): 나쁘게 됨 • 暴惡(폭악): 사납고 악함		
630	貴	貴	贵	貴
	귀할 **귀**	ㄍㄨㄟˋ(구이)	guì(구이)	き(기)
	丶 口 口 中 虫 冉 肀 青 貴 貴 貴 貴			
	貴 貴 貴 貴	• 貴下(귀하): 상대방을 높여 부르는 말 • 稀貴(희귀): 드물어 매우 진귀함		
631	植	植	植	植
	심을 **식**	ㄓˊ(즈)	zhí(즈)	しょく(쇼쿠)
	一 十 才 木 木 杧 杧 柿 植 植 植 植			
	植 植 植 植	• 植樹(식수): 나무를 심음 • 移植(이식): 식물 따위를 옮겨 심음		
632	登	登	登	登
	오를 **등**	ㄉㄥ¯(덩)	dēng(덩)	とう(도)
	ノ ㇇ 癶 癶 癶 癶 癶 癶 登 登 登 登			
	登 登 登 登	• 登頂(등정): 산 따위의 정상에 오름 • 登用(등용): 인재를 골라 씀		

	한국 한자	중국 번체자	중국 간체자	일본 약자
633	敬	敬	敬	敬
	공경할 **경**	ㄐㄧㄥˋ(징)	jìng(징)	けい(게이)
	一 十 十 艹 芍 芍 茍 茍 苟 敬 敬 敬			
	敬 敬 敬 敬		• 敬意(경의): 공경하는 마음 • 恭敬(공경): 삼가서 공손히 섬김	
634	景	景	景	景
	경치 **경**	ㄐㄧㄥˇ(징)	jǐng(징)	けい(게이)
	丨 冂 冃 日 旦 景 景 景 景 景 景 景			
	景 景 景 景		• 景致(경치): 자연의 아름다운 모습 • 絕景(절경): 훌륭한 경치	
635	偉	偉	伟	偉
	훌륭할 **위**	ㄨㄟˇ(웨이)	wěi(웨이)	い(이)
	丿 亻 亻 伫 伫 佑 侟 偉 偉 偉 偉			
	偉 偉 偉 偉		• 偉人(위인): 뛰어나고 위대한 사람 • 英偉(영위): 영걸스럽고 위대함	
636	遇	遇	遇	遇
	만날 **우**	ㄩˋ(위)	yù(위)	ぐう(구)
	丨 冂 冃 日 旦 禺 禺 禺 禺 遇 遇 遇			
	遇 遇 遇 遇		• 遇害(우해): 해를 당함 • 禮遇(예우): 예로써 정중히 맞음	

	한국 한자	중국 번체자	중국 간체자	일본 약자
637	順	順	順	順
	순할 순	ㄕㄨㄣˋ(순)	shùn(순)	じゅん(준)
	⅃ ⅃⅃ ⅃⅃ ⅃⅂ ⅃⅂ ⅃⅂ 順 順 順 順 順 順			
	順 順 順 順	• 順理(순리): 노리에 순종함 • 和順(화순): 온화하고 순함		
638	筆	筆	笔	筆
	붓 필	ㄅㄧˇ(비)	bǐ(비)	ひつ(히쓰)
	ノ ト ヒ ゲ ゲ 竹 笁 笁 筆 筆 筆 筆			
	筆 筆 筆 筆	• 筆力(필력): 글씨의 획에 드러난 힘 • 名筆(명필): 뛰어나게 잘 쓴 글씨		
639	街	街	街	街
	거리 가	ㄐㄧㄝˉ(제)	jiē(제)	がい(가이)
	′ ′ ′ 彳 彳 彳 往 往 往 街 街 街			
	街 街 街 街	• 街道(가도): 큰 길거리 • 商街(상가): 상점이 늘어서 있는 거리		
640	湖	湖	湖	湖
	호수 호	ㄏㄨˊ(후)	hú(후)	こ(고)
	′ ′ ⅀ ⅀ 氵 汁 汁 洴 活 湖 湖 湖 湖			
	湖 湖 湖 湖	• 湖水(호수): 큰 못 • 鹽湖(염호): 짠물이 된 호수		

	한국 한자	중국 번체자	중국 간체자	일본 약자
641	雄	雄	雄	雄
	수컷 웅	ㄒㄩㄥˊ(슝)	xióng(슝)	ゆう(유)
	ー ナ 左 左 厷 厷 厷 厷 雄 雄 雄			
	雄 雄 雄 雄		• 雄大(웅대): 규모가 크고 웅장함 • 姦雄(간웅): 간사한 영웅	
642	稅	稅	稅	稅
	세금 세	ㄕㄨㄟˋ(수이)	shuì(수이)	ぜい(제이)
	ノ 二 千 千 禾 禾 秆 秆 秒 稅 稅 稅			
	稅 稅 稅 稅		• 稅金(세금): 조세로 내는 돈 • 課稅(과세): 세금을 매김	
643	寒	寒	寒	寒
	찰 한	ㄏㄢˊ(한)	hán(한)	かん(간)
	ヽ ヽ 宀 宀 宀 宷 宷 宲 寒 寒 寒			
	寒 寒 寒 寒		• 寒冷(한랭): 춥고 차가움 • 雪寒(설한): 눈 온 뒤의 추위	
644	尊	尊	尊	尊
	높을 존	ㄗㄨㄣ(쭌)	zūn(쭌)	そん(손)
	ノ 八 八 酋 酋 酋 酋 酋 酋 酋 尊 尊			
	尊 尊 尊 尊		• 尊重(존중): 높이고 중히 여김 • 自尊(자존): 스스로 자기를 높임	

	한국 한자	중국 번체자	중국 간체자	일본 약자

645

番	番	番	番
차례 **번**	ㄈㄢˉ(판)	fān(판)	ばん(반)

丿 丶 丶 丆 丆 平 乎 采 采 釆 番 番 番

番	番	番	番

- 番號(번호): 차례를 나다내는 호수
- 當番(당번): 차례의 번이 됨

646

勤	勤	勤	勤
부지런할 **근**	ㄑㄧㄣˊ(친)	qín(친)	きん(긴)

一 十 卄 卄 芇 芇 芇 芇 莒 莗 堇 堇 勤 勤

勤	勤	勤	勤

- 勤勉(근면): 부지런히 노력함
- 缺勤(결근): 출근하지 않음

647

賀	賀	贺	賀
하례할 **하**	ㄏㄜˋ(허)	hè(허)	が(가)

フ カ カ 加 加 加 智 智 智 賀 賀

賀	賀	賀	賀

- 賀客(하객): 축하하러 온 손님
- 敬賀(경하): 공경하여 축하함

648

悲	悲	悲	悲
슬플 **비**	ㄅㄟˉ(베이)	bēi(베이)	ひ(히)

丿 丿 丿 丬 丬 丬 非 非 非 非 悲 悲 悲

悲	悲	悲	悲

- 悲哀(비애): 슬퍼하고 서러워함
- 喜悲(희비): 기쁨과 슬픔

	한국 한자	중국 번체자	중국 간체자	일본 약자
649	喪 잃을 **상**	喪 ㄙㄤˉ(쌍)	丧 sāng(쌍)	喪 そう(소)
	一 十 十 耂 耂 兩 兩 兩 喪 喪 喪			
	喪 喪 喪 喪		• 喪家(상가): 초상난 집 • 弔喪(조상): 조의를 표함	
650	閑 한가할 **한**	閑 ㄒㄧㄢˊ(셴)	闲 xián(셴)	閑 かん(간)
	ㅣ ㅏ ㅏ ㅏ ㅏ ㅏ 門 門 門 門 閑 閑 閑			
	閑 閑 閑 閑		• 閑散(한산): 일이 없어 한가함 • 淸閑(청한): 청아하고 한가함	
651	惠 은혜 **혜**	惠 ㄏㄨㄟˋ(후이)	惠 huì(후이)	惠 けい(게이)
	一 一 一 三 亘 車 車 車 東 惠 惠 惠			
	惠 惠 惠 惠		• 惠澤(혜택): 은혜와 덕택 • 特惠(특혜): 특별한 혜택	
652	晴 맑을 **청**	晴 ㄑㄧㄥˊ(칭)	晴 qíng(칭)	晴 せい(세이)
	ㅣ 冂 月 日 日 日 日 晴 晴 晴 晴 晴			
	晴 晴 晴 晴		• 晴天(청천): 맑게 갠 하늘 • 好晴(호청): 날씨가 활짝 갬	

	한국 한자	중국 번체자	중국 간체자	일본 약자

653				
	暑	暑	暑	暑
	더울 서	ㄕㄨˇ(수)	shǔ(수)	しょ(쇼)

丶 冂 冂 曰 旦 早 昱 昱 昱 暑 暑 暑

- 暑炎(서염): 몹시 심한 더위
- 暴暑(폭서): 혹독하게 사나운 더위

654				
	貯	貯	贮	貯
	쌓을 저	ㄓㄨˋ(주)	zhù(주)	ちょ(조)

丨 冂 冂 月 目 貝 貯 貯 貯 貯 貯 貯

- 貯蓄(저축): 절약하여 모아 둠
- 積貯(적저): 쌓아 모음

655				
	會	會	会	会
	모일 회	ㄏㄨㄟˋ(후이)	huì(후이)	かい(가이)

丿 人 人 스 合 命 命 命 會 會 會 會 會

- 會談(회담): 모여서 이야기함
- 教會(교회): 종교 단체의 모임

656				
	經	經	经	経
	지날 경	ㄐㄧㄥˉ(징)	jīng(징)	けい(게이)

丶 乚 幺 幺 糸 糸 紀 經 經 經 經 經

- 經路(경로): 지나가는 길
- 政經(정경): 정치와 경제

	한국 한자	중국 번체자	중국 간체자	일본 약자
657	新 새 **신**	新 ㄒㄧㄣ(신)	新 xīn(신)	新 しん(신)
	`丶亠亠立立辛辛辛亲亲`新`新新			
	新 新 新 新		• 新鮮(신선): 새롭고 산뜻함 • 斬新(참신): 취향이 매우 새로움	
658	電 번개 **전**	電 ㄉㄧㄢ`(뎬)	电 diàn(뎬)	電 でん(뎬)
	`一一一一一雨雨雨雨雷雷雷電`			
	電 電 電 電		• 電鐵(전철): 전기 철도의 준말 • 發電(발전): 전기를 일으킴	
659	業 업 **업**	業 ㄧㄝ`(예)	业 yè(예)	業 ぎょう(교)
	`丨丨丨丨业业业业业丵業業`			
	業 業 業 業		• 業種(업종): 직업이나 영업의 종류 • 創業(창업): 사업을 시작함	
660	當 마땅 **당**	當 ㄉㄤ(당)	当 dāng(당)	当 とう(도)
	`丨丨业业业业尚尚尚常常當當`			
	當 當 當 當		• 當時(당시): 일이 생긴 그때 • 堪當(감당): 일을 능히 맡아서 해냄	

	한국 한자	중국 번체자	중국 간체자	일본 약자
661	義 옳을 의	義 ㅣˋ(이)	义 yì(이)	義 ぎ(기)
	`丶 丷 ꙑ ꙑ 羊 羊 羊 羊 義 義 義`			
	義 義 義 義		• 義務(의무): 맡은 직분 • 正義(정의): 진리에 맞는 올바른 도리	
662	意 뜻 의	意 ㅣˋ(이)	意 yì(이)	意 い(이)
	`丶 亠 䒑 立 产 音 音 音 音 意 意 意`			
	意 意 意 意		• 意見(의견): 어떤 대상에 대해 갖는 생각 • 弔意(조의): 죽음을 슬퍼하는 뜻	
663	想 생각 상	想 ㄒㅣ�se(상)	想 xiǎng(상)	想 そう(소)
	`一 十 才 才 村 相 相 相 想 想 想 想 想`			
	想 想 想 想		• 想念(상념): 마음에 떠오르는 생각 • 妄想(망상): 근거가 없는 주관적 신념	
664	話 말씀 화	話 ㄏㄨㄚˋ(화)	话 huà(화)	話 わ(와)
	`丶 ㄴ 二 言 言 言 言 訁 訂 話 話 話`			
	話 話 話 話		• 話頭(화두): 이야기의 말머리 • 會話(회화): 서로 이야기를 나눔	

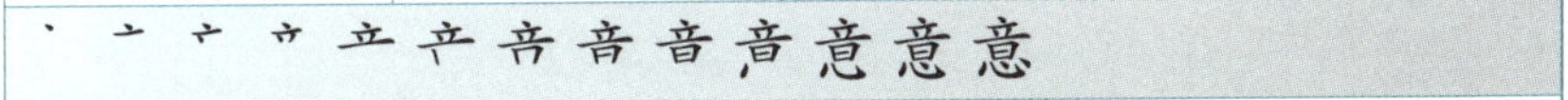

	한국 한자	중국 번체자	중국 간체자	일본 약자
665	與 더불 **여**	與 ㄐㄩˇ(위)	与 yǔ(위)	与 よ(요)

` 丶 ` ` ' ` ` ' ` ` 广 ` ` 臼 ` ` 臼 ` ` 臼 ` ` 臼 ` ` 臼 ` ` 与 ` ` 與 ` ` 與 `

與 與 與 與	• 與野(여야): 여당과 야당 • 參與(참여): 참가하여 관계함

	한국 한자	중국 번체자	중국 간체자	일본 약자
666	路 길 **로**	路 ㄌㄨˋ(루)	路 lù(루)	路 ろ(로)

` 丶 ` ` 冂 ` ` 冂 ` ` 口 ` ` 口 ` ` 足 ` ` 正 ` ` 正 ` ` 趵 ` ` 路 ` ` 路 ` ` 路 `

路 路 路 路	• 路程(노정): 거쳐가는 길이나 과정 • 岐路(기로): 여러 갈래로 갈린 길

	한국 한자	중국 번체자	중국 간체자	일본 약자
667	農 농사 **농**	農 ㄋㄨㄥˊ(눙)	农 nóng(눙)	農 のう(노)

` 丶 ` ` 冂 ` ` 冂 ` ` 曲 ` ` 曲 ` ` 曲 ` ` 農 ` ` 農 ` ` 農 ` ` 農 ` ` 農 ` ` 農 `

農 農 農 農	• 農民(농민): 농사 짓는 백성 • 營農(영농): 농업을 경영함

	한국 한자	중국 번체자	중국 간체자	일본 약자
668	解 풀 **해**	解 ㄐㄧㄝˇ(제)	解 jiě(제)	解 かい(가이)

` 丶 ` ` 勹 ` ` 厂 ` ` 角 ` ` 角 ` ` 角 ` ` 角 ` ` 解 ` ` 解 ` ` 解 ` ` 解 ` ` 解 `

解 解 解 解	• 解決(해결): 얽힌 일을 풀어 처리함 • 誤解(오해): 뜻을 잘못 이해함

	한국 한자	중국 번체자	중국 간체자	일본 약자
669	愛 사랑 **애**	愛 ㄞˋ(아이)	爱 ài(아이)	愛 あい(아이)
	ノ ゛ ゛ ㅌ ㅌ ㅌ 愛 愛 愛 愛 愛 愛 愛			
	愛　愛　愛　愛		• 愛國(애국): 나라를 사랑하는 마음 • 友愛(우애): 벗 사이의 정분
670	號 이름 **호**	號 ㄏㄠˋ(하오)	号 hào(하오)	号 ごう(고)
	ヽ ヽ ㅁ ㅁ 号 号' 号' 号' 號 號 號 號 號			
	號　號　號　號		• 號令(호령): 지휘하여 명령함 • 記號(기호): 어떤 뜻을 나타내는 부호
671	節 마디 **절**	節 ㄐㄧㄝˊ(제)	节 jié(제)	節 せつ(세쓰)
	ノ ㅑ ㅑ ㅆ ㅆ ㅆ ㅆ ㅆ 節 節 節 節 節 節			
	節　節　節　節		• 節制(절제): 알맞게 조절함 • 佳節(가절): 좋은 시절
672	傳 전할 **전**	傳 ㄔㄨㄢˊ(촨)	传 chuán(촨)	伝 でん(덴)
	ノ イ イ イ 伊 伊 伊 俥 俥 俥 傳 傳			
	傳　傳　傳　傳		• 傳播(전파): 전하여 널리 퍼뜨림 • 口傳(구전): 말로 전함

	한국 한자	중국 번체자	중국 간체자	일본 약자
673	勢	勢	势	勢
	형세 세	ㄕˋ(스)	shì(스)	せい(세이)
	一 十 土 ㅗ 坴 坴 坴 幸 埶 執 執 勢 勢			
	勢　勢　勢　勢			• 勢力(세력): 권력이나 기세의 힘 • 攻勢(공세): 공격하는 태세나 그 힘
674	遠	遠	远	遠
	멀 원	ㄩㄢˇ(위안)	yuǎn(위안)	えん(엔)
	一 十 土 士 吉 吉 吏 吏 袁 袁 遠 遠 遠			
	遠　遠　遠　遠			• 遠征(원정): 먼 곳으로 싸우러 감 • 永遠(영원): 길고 오랜 세월
675	感	感	感	感
	느낄 감	ㄍㄢˇ(간)	gǎn(간)	かん(간)
	一 厂 厂 厂 咸 咸 咸 咸 感 感 感			
	感　感　感　感			• 感謝(감사): 고맙게 여김 • 敏感(민감): 예민한 감각
676	溫	溫	温	温
	따뜻할 온	ㄨㄣ⁻(원)	wēn(원)	おん(온)
	丶 冫 氵 氵 沪 沪 沪 沪 渭 渭 溫 溫 溫			
	溫　溫　溫　溫			• 溫暖(온난): 날씨가 따뜻함 • 高溫(고온): 높은 온도

	한국 한자	중국 번체자	중국 간체자	일본 약자
677	試	試	试	試
	시험 시	ㄕˋ(스)	shì(스)	し(시)
	`丶 一 ニ 三 言 言 言 訂 訂 訂 試 試`			
	試 試 試 試		• 試案(시안): 시험직으로 만든 안 • 應試(응시): 시험에 응함	
678	滿	滿	满	満
	찰 만	ㄇㄢˇ(만)	mǎn(만)	まん(만)
	`丶 ン 氵 汁 汁 浐 渆 渊 满 满 滿 滿 滿`			
	滿 滿 滿 滿		• 滿期(만기): 기한이 다 참 • 不滿(불만): 마음에 차지 않아 언짢음	
679	歲	歲	岁	歳
	해 세	ㄙㄨㄟˋ(쑤이)	suì(쑤이)	さい(사이)
	`丿 ト 止 止 步 庐 庐 庐 岸 岸 歳 歲 歲`			
	歲 歲 歲 歲		• 歲月(세월): 흘러가는 시간 • 萬歲(만세): 축복을 위하여 외침	
680	煙	煙	烟	煙
	연기 연	ㄧㄢˉ(옌)	yān(옌)	えん(엔)
	`丶 丷 少 火 炒 灯 炉 炉 炳 煙 煙 煙 煙`			
	煙 煙 煙 煙		• 煙霧(연무): 연기와 안개 • 吸煙(흡연): 담배를 피우는 것	

	한국 한자	중국 번체자	중국 간체자	일본 약자
681	傷	傷	伤	傷
	다칠 **상**	ㄕㄤ⁻(상)	shāng(상)	しょう(쇼)
	ノ イ イ´ 作 作 作 佢 佢 伊 傷 傷 傷			
	傷　傷　傷　傷	• 傷心(상심): 속을 썩임 • 負傷(부상): 몸에 상처를 입음		
682	福	福	福	福
	복 **복**	ㄈㄨˊ(푸)	fú(푸)	ふく(후쿠)
	一 ニ テ テ ネ ネ ネ ネ 祠 祠 福 福			
	福　福　福　福	• 福祉(복지): 행복과 이익 • 食福(식복): 먹을 복		
683	漢	漢	汉	漢
	한수 **한**	ㄏㄢˋ(한)	hàn(한)	かん(간)
	丶 丶 冫 冫 汁 汁 浐 浐 漢 漢 漢 漢 漢 漢			
	漢　漢　漢　漢	• 漢字(한자): 중국에서 만들어진 문자 • 好漢(호한): 의협심이 많은 사나이		
684	罪	罪	罪	罪
	허물 **죄**	ㄗㄨㄟˋ(쭈이)	zuì(쭈이)	ざい(자이)
	丶 冂 冂 罒 罒 罒 罪 罪 罪 罪 罪 罪			
	罪　罪　罪　罪	• 罪悚(죄송): 죄스럽고 송구스러움 • 犯罪(범죄): 죄를 저지름		

	한국 한자	중국 번체자	중국 간체자	일본 약자
685	暗 어두울 **암**	暗 ㄢˋ(안)	暗 àn(안)	暗 あん(안)
	丨 冂 冃 冃 日 日ˋ 日亠 日产 日产 旷 晗 暗 暗 暗			
	暗 暗 暗 暗		• 暗示(암시): 넌지시 깨우쳐 줌 • 黑暗(흑암): 몹시 껌껌하고 어두움	
686	園 동산 **원**	園 ㄩㄢˊ(위안)	园 yuán(위안)	園 えん(엔)
	丨 冂 冂 冃 冃 冄 周 周 周 周 夁 園 園			
	園 園 園 園		• 園林(원림): 정원과 숲 • 田園(전원): 논밭과 동산	
687	詩 시 **시**	詩 ㄕˉ(스)	诗 shī(스)	詩 し(시)
	丶 亠 二 三 言 言 言 言 計 計 計 詩 詩			
	詩 詩 詩 詩		• 詩文(시문): 시가와 산문 • 古詩(고시): 옛사람이 지은 시	
688	禁 금할 **금**	禁 ㄐㄧㄣˋ(진)	禁 jìn(진)	禁 きん(긴)
	一 十 才 木 术 朴 材 林 林 梺 埜 禁 禁			
	禁 禁 禁 禁		• 禁止(금지): 금하여 못하게 함 • 通禁(통금): 통행금지	

689

聖	聖	圣	聖
성인 **성**	ㄕㄥˋ(성)	shèng(성)	せい(세이)

一 丁 丁 耵 耵 耳 耳 耶 耵 耵 聖 聖 聖

聖　聖　聖　聖

- 聖人(성인): 우러러 본받을 만한 사람
- 玄聖(현성): 가장 뛰어난 성인

690

暖	暖	暖	暖
따뜻할 **난**	ㄋㄨㄢˇ(놘)	nuǎn(놘)	だん(단)

丨 冂 日 日 旷 旷 旷 旷 旷 旷 暖 暖 暖

暖　暖　暖　暖

- 暖氣(난기): 따뜻한 기운
- 溫暖(온난): 날씨가 따뜻함

691

誠	誠	诚	誠
정성 **성**	ㄔㄥˊ(청)	chéng(청)	せい(세이)

丶 亠 亠 言 言 言 訂 訂 訪 訪 誠 誠 誠

誠　誠　誠　誠

- 誠實(성실): 정성스럽고 참됨
- 忠誠(충성): 마음에서 우러나는 정성

692

愁	愁	愁	愁
근심 **수**	ㄔㄡˊ(처우)	chóu(처우)	しゅう(슈)

丿 二 千 禾 禾 禾 禾ˊ 秒 秋 秋 愁 愁 愁

愁　愁　愁　愁

- 愁心(수심): 근심하는 마음
- 憂愁(우수): 우울과 수심, 근심

	한국 한자	중국 번체자	중국 간체자	일본 약자
693	慈 사랑 **자**	慈 ㄘˊ(츠)	慈 cí(츠)	慈 じ(지)
	` ` `ˋ` `ˊ` `ˊ` `ˊ` `ˊ` `ˊ` `ˊ` `ˊ` `ˊ` `慈` `慈` `慈`			
	慈　慈　慈　慈	• 慈悲(자비): 사랑하고 불쌍히 여김 • 仁慈(인자): 어질고 남을 사랑하는 마음		
694	說 말씀 **설**	說 ㄕㄨㄛˉ(쉬)	说 shuō(쉬)	說 せつ(세쓰)
	` ` `ˋ` `ˊ` `ˊ` `ˊ` `言` `言` `言` `訃` `訃` `訃` `訊` `說` `說`			
	說　說　說　說	• 說明(설명): 상대가 알도록 밝혀 말함 • 辱說(욕설): 남을 저주하는 말		
695	對 대할 **대**	對 ㄉㄨㄟˋ(두이)	对 duì(두이)	対 たい(다이)
	` ` `ˋ` `ˊ` `ˊ` `業` `業` `業` `業` `業` `業` `對` `對` `對`			
	對　對　對　對	• 對峙(대치): 서로 마주 대하여 버팀 • 接對(접대): 응접하여 대면함		
696	種 씨 **종**	種 ㄓㄨㄥˇ(중)	种 zhǒng(중)	種 しゅ(슈)
	` ` `ˊ` `千` `千` `禾` `禾` `秆` `秆` `秆` `稖` `種` `種` `種`			
	種　種　種　種	• 種目(종목): 종류의 명목 • 各種(각종): 여러 가지		

	한국 한자	중국 번체자	중국 간체자	일본 약자
697	實 열매 **실**	實 ㄕˊ(스)	实 shí(스)	実 じつ(지쓰)
	`、 ﹀ 宀 宀 宁 宙 审 宲 實 實 實 實 實`			
	實　實　實　實		• 實踐(실천): 실제로 해냄 • 眞實(진실): 거짓이 아닌 사실	
698	領 거느릴 **령**	領 ㄌ丨ㄥˇ(링)	领 lǐng(링)	領 りょう(료)
	`丿 丿 ﹁ 㐅 令 令 領 領 領 領 領 領 領`			
	領　領　領　領		• 領收(영수): 돈 따위를 받아들임 • 占領(점령): 일정한 장소를 차지함	
699	認 알 **인**	認 ㄖㄣˋ(런)	认 rèn(런)	認 にん(닌)
	`、 二 言 言 言 言 言 訂 訒 認 認 認 認 認`			
	認　認　認　認		• 認定(인정): 옳다고 믿고 정하는 일 • 是認(시인): 옳다고 인정함	
700	圖 그림 **도**	圖 ㄊㄨˊ(투)	图 tú(투)	図 ず(즈)
	`丨 冂 冂 冋 圊 圊 圖 圖 圖 圖 圖 圖 圖 圖`			
	圖　圖　圖　圖		• 圖式(도식): 그림으로 그린 양식 • 版圖(판도): 한 나라의 영토	

	한국 한자	중국 번체자	중국 간체자	일본 약자
701	算 셈 **산**	算 ムメㄢˋ(쏸)	算 suàn(쏸)	算 さん(산)
	ノ ト ゲ ゲ 竺 竺 竺 笪 笪 笪 筲 筲 算 算			
	算　算　算　算		• 算定(산정): 셈하여 정함 • 推算(추산): 짐작으로 미뤄서 셈함

	한국 한자	중국 번체자	중국 간체자	일본 약자
702	廣 넓을 **광**	廣 《ㄨㄤˇ(광)	广 guǎng(광)	広 こう(고)
	﹡ 广 广 广 庐 庐 庐 庐 庐 庐 庐 庐 廣 廣			
	廣　廣　廣　廣		• 廣域(광역): 넓은 구역 • 寬廣(관광): 마음이 아주 넓음

	한국 한자	중국 번체자	중국 간체자	일본 약자
703	精 정할 **정**	精 ㄐㄧㄥˉ(징)	精 jīng(징)	精 せい(세이)
	﹒ ﹑ ﹐ ﹀ 半 米 米 米 米 米 糟 精 精 精			
	精　精　精　精		• 精巧(정교): 정밀하고 교묘함 • 穀精(곡정): 곡식의 자양분

	한국 한자	중국 번체자	중국 간체자	일본 약자
704	銀 은 **은**	銀 丨ㄣˊ(인)	银 yín(인)	銀 ぎん(긴)
	ノ ト ゲ 乍 乍 牟 金 金 金 釕 釖 鈩 鈤 銀 銀			
	銀　銀　銀　銀		• 銀髮(은발): 은빛의 머리털 • 純銀(순은): 섞인 것이 없는 순수한 은

	한국 한자	중국 번체자	중국 간체자	일본 약자
705	盡 다할 **진**	盡 ㄐㄧㄣˋ(진)	尽 jìn(진)	尽 じん(진)
	ㄱ ㅋ ㅋ 聿 圭 圭 盽 盡 盡 盡 盡 盡 盡			
	盡 盡 盡 盡		• 盡力(진력): 있는 힘을 다함 • 賣盡(매진): 남은 것 없이 다 팔림
706	輕 가벼울 **경**	輕 ㄑㄧㄥˉ(칭)	轻 qīng(칭)	軽 けい(게이)
	´ ㄏ ㄇ 盲 盲 亘 車 車 軻 輕 輕 輕 輕 輕			
	輕 輕 輕 輕		• 輕視(경시): 가볍게 봄 • 減輕(감경): 줄이어 가볍게 함
707	適 맞을 **적**	適 ㄕˋ(스)	适 shì(스)	適 てき(데키)
	` ㄴ ㅡ ㅡ 产 产 商 商 商 商 滴 滴 滴 適			
	適 適 適 適		• 適應(적응): 걸맞아서 서로 어울림 • 最適(최적): 가장 적당함
708	端 끝 **단**	端 ㄉㄨㄢˉ(돤)	端 duān(돤)	端 たん(단)
	` ㄴ ㄷ ㅎ ㅎ 킈 端 端 端 端 端 端 端 端			
	端 端 端 端		• 端緒(단서): 일의 실마리 • 尖端(첨단): 뽀족한 끝

709

한국 한자	중국 번체자	중국 간체자	일본 약자
聞	聞	闻	聞
들을 문	ㄨㄣˊ(원)	wén(원)	ぶん(분)

丨 丨 丨 丨 丨' 門 門 門 門 門 門 聞 聞 聞

聞　聞　聞　聞

- 聞人(문인): 이름이 널리 알려진 사람
- 所聞(소문): 들려오는 떠도는 말

710

한국 한자	중국 번체자	중국 간체자	일본 약자
語	語	语	語
말씀 어	�ㄩˇ(위)	yǔ(위)	ご(고)

丶 亠 二 三 言 言 言 訂 訂 語 語 語 語 語

語　語　語　語

- 語彙(어휘): 낱말의 수효
- 用語(용어): 사용하는 말

711

한국 한자	중국 번체자	중국 간체자	일본 약자
察	察	察	察
살필 찰	ㄔㄚˊ(차)	chá(차)	さつ(사쓰)

丶 丶 宀 宀 夕 夕 夕 穷 穷 寮 窣 察 察

察　察　察　察

- 察色(찰색): 얼굴빛을 살펴봄
- 觀察(관찰): 사물을 잘 살펴봄

712

한국 한자	중국 번체자	중국 간체자	일본 약자
練	練	练	練
익힐 련	ㄌㄧㄢˋ(렌)	liàn(렌)	れん(렌)

丶 乚 纟 幺 爭 糸 糹 紆 紆 紆 紆 紓 練 練 練

練　練　練　練

- 練修(연수): 몸과 마음을 닦아서 익힘
- 熟練(숙련): 연습을 많이 하여 익힘

	한국 한자	중국 번체자	중국 간체자	일본 약자
713	誤 그르칠 **오**	誤 ㄨˋ(우)	误 wù(우)	誤 ご(고)
	`丶一一言言言言訂訳訳誤誤誤`			
	誤　誤　誤　誤		• 誤解(오해): 뜻을 잘못 이해함 • 過誤(과오): 잘못, 그릇된 짓	
714	歌 노래 **가**	歌 ㄍㄜˉ(거)	歌 gē(거)	歌 か(가)
	`一丁可可可可哥哥哥歌歌歌`			
	歌　歌　歌　歌		• 歌謠(가요): 유행가 • 悲歌(비가): 슬픈 가락의 노래	
715	綠 푸를 **록**	綠 ㄌㄩˋ(뤼)	绿 lǜ(뤼)	緑 りょく(료쿠)
	`ㄥ ㄥ ㄠ ㄠ 糸 紅 紀 紀 紵 紵 綠 綠`			
	綠　綠　綠　綠		• 綠地(녹지): 풀과 나무가 많아 푸른 땅 • 萬綠(만록): 여름철의 온갖 푸른 숲	
716	榮 영화 **영**	榮 ㄖㄨㄥˊ(룽)	荣 róng(룽)	栄 えい(에이)
	`丶丶丷丷丷丷炒炒炒炒荣荣荣`			
	榮　榮　榮　榮		• 榮譽(영예): 빛나는 명예 • 繁榮(번영): 번성하고 영화롭게 됨	

	한국 한자	중국 번체자	중국 간체자	일본 약자

717				
	穀	穀	谷	穀
	곡식 **곡**	《メˇ(구)	gǔ(구)	こく(고쿠)

一 十 土 吉 吉 吉 吉 壴 幸 彗 彙 彙 穀 穀 穀

穀 穀 穀 穀

- 穀物(곡물): 식량이 되는 쌀 따위
- 五穀(오곡): 다섯 가지 곡식

718				
	墨	墨	墨	墨
	먹 **묵**	ㄇㄛˋ(모)	mò(모)	ぼく(보쿠)

丶 ㄇ 四 四 四 罒 里 里 里 黑 黑 黑 黑 墨 墨

墨 墨 墨 墨

- 墨畫(묵화): 먹물로 그린 그림
- 紙墨(지묵): 종이와 먹

719				
	鳴	鳴	鸣	鳴
	울 **명**	ㄇㄧㄥˊ(밍)	míng(밍)	めい(메이)

丨 ㄇ 口 口 口 叮 听 听 咱 鳴 鳴 鳴 鳴 鳴

鳴 鳴 鳴 鳴

- 鳴謝(명사): 마음에 느껴 사례함
- 悲鳴(비명): 지르는 외마디 소리

720				
	鼻	鼻	鼻	鼻
	코 **비**	ㄅㄧˊ(비)	bí(비)	び(비)

丶 丿 ㄇ 自 自 自 自 鳥 鳥 島 畠 鼻 鼻 鼻

鼻 鼻 鼻 鼻

- 鼻音(비음): 코로 내는 소리
- 耳鼻(이비): 귀와 코

	한국 한자	중국 번체자	중국 간체자	일본 약자
721	漁	漁	渔	漁
	고기 잡을 **어**	ㄩˊ(위)	yú(위)	ぎょ(교)
	`ˋ ˋ ｉ ｉˊ 氵 氵 汋 泊 洎 漁 漁 漁 漁 漁`			
	漁　漁　漁　漁		• 漁船(어선): 고기잡이 하는 배 • 豊漁(풍어): 물고기가 많이 잡힘
722	壽	壽	寿	寿
	목숨 **수**	ㄕㄡˋ(서우)	shòu(서우)	じゅ(주)
	`一 十 士 耂 耂 丰 圭 声 壴 壽 壽 壽 壽 壽`			
	壽　壽　壽　壽		• 壽命(수명): 생물이 살아 있는 연한 • 天壽(천수): 타고난 수명
723	暮	暮	暮	暮
	저물 **모**	ㄇㄨˋ(무)	mù(무)	ぼ(보)
	`一 十 艹 艹 艹 茾 苩 苩 莫 莫 幕 幕 暮`			
	暮　暮　暮　暮		• 暮思(모사): 저녁 때의 슬픈 생각 • 朝暮(조모): 아침 때와 저녁 때
724	論	論	论	論
	논의할 **논**	ㄌㄨㄣˋ(룬)	lùn(룬)	ろん(론)
	`ˋ ｊ ｊ 亖 言 言 言 訡 訡 訡 論 論 論 論`			
	論　論　論　論		• 論評(논평): 논하여 비평함 • 勿論(물론): 말할 것도 없음

	한국 한자	중국 번체자	중국 간체자	일본 약자
725	數 셀 **수**	數 ㄕㄨˇ(수)	数 shǔ(수)	数 すう(스)
	丶 冂 冂 冊 冊 冊 昌 昌 曲 婁 婁 婁 數 數 數			
	數 數 數 數		• 數量(수량): 수효와 분량 • 額數(액수): 돈의 머릿수	
726	線 줄 **선**	線 ㄒㄧㄢˋ(셴)	线 xiàn(셴)	線 せん(센)
	㇂ ㇆ 幺 糸 糸 糸 糸 糹 紒 紒 線 線 線 線			
	線 線 線 線		• 線形(선형): 선의 모양 • 曲線(곡선): 구부러진 선	
727	質 바탕 **질**	質 ㄓˋ(즈)	质 zhì(즈)	質 しつ(시쓰)
	㇒ 厂 斤 斤 斦 斦 斦 斦 質 質 質 質 質 質			
	質 質 質 質		• 質問(질문): 이유를 캐어 물음 • 物質(물질): 물건의 본바탕	
728	熱 더울 **열**	熱 ㄖㄜˋ(러)	热 rè(러)	熱 ねつ(네쓰)
	一 十 土 去 去 坴 幸 孰 執 執 熱 熱 熱 熱			
	熱 熱 熱 熱		• 熱風(열풍): 뜨거운 바람 • 過熱(과열): 지나치게 뜨거워지는 것	

	한국 한자	중국 번체자	중국 간체자	일본 약자
729	增	增	增	増
	더할 증	ㄗㄥˉ(쩡)	zēng(쩡)	ぞう(조)
	一 ナ ナ ナ ナ ノ゙ ナ゙ 坮 坮 坮 増 増 増 増			
	增 增 增 增			• 增加(증가): 더하여 많아짐 • 急增(급증): 급히 늘어남
730	調	調	调	調
	고를 조	ㄊㄧㄠˊ(탸오)	tiáo(탸오)	ちょう(조)
	丶 亠 亠 言 言 言 言 訶 訶 訶 調 调 调 调			
	調 調 調 調			• 調和(조화): 서로 잘 어울림 • 論評(논평): 시비를 논술하여 비평함
731	請	請	请	請
	청할 청	ㄑㄧㄥˇ(칭)	qǐng(칭)	せい(세이)
	丶 亠 亠 言 言 言 言 訂 訃 詰 詰 請 請 請			
	請 請 請 請			• 請託(청탁): 부탁함 • 要請(요청): 요긴하게 청함
732	德	德	德	德
	큰 덕	ㄉㄜˊ(더)	dé(더)	とく(도쿠)
	丶 彳 彳 彳 彳 行 袢 袢 德 德 德 德 德 德 德			
	德 德 德 德			• 德談(덕담): 잘 되라고 비는 말 • 美德(미덕): 아름다운 덕성

	한국 한자	중국 번체자	중국 간체자	일본 약자
733	談 말씀 담	談 ㄊㄢˊ(탄)	谈 tán(탄)	談 だん(단)
	丶 一 二 亖 言 言 言 訁 訜 詃 診 談 談 談			
	談 談 談 談	• 談笑(담소): 웃으면서 이야기함 • 弄談(농담): 실 없는 말		
734	選 가릴 선	選 ㄒㄩㄢˇ(쉬안)	选 xuǎn(쉬안)	選 せん(센)
	' ' 巴 巴 巴 巴 巴 巴 巽 巽 巽 巽 選 選 選			
	選 選 選 選	• 選定(선정): 골라 내어 정함 • 當選(당선): 선거에서 뽑힘		
735	價 값 가	價 ㄐㄧㄚˋ(자)	价 jià(자)	価 か(가)
	丿 亻 亻 俨 俨 俨 俨 價 價 價 價 價 價 價			
	價 價 價 價	• 價値(가치): 값, 값어치 • 株價(주가): 주식이나 주권의 값		
736	養 기를 양	養 ㄧㄤˇ(양)	养 yǎng(양)	養 よう(요)
	丶 丷 丷 ヸ ¥ 羊 羊 美 美 莠 莠 莠 養 養 養			
	養 養 養 養	• 養分(양분): 영양이 되는 성분 • 供養(공양): 어른에게 음식을 드림		

	한국 한자	중국 번체자	중국 간체자	일본 약자
737	樂 풍류 **악**	樂 ㄩㄝˋ(웨)	乐 yuè(웨)	楽 がく(가쿠)

㇀ ㇀ ㇀ ㇀ ㇀ ㇀ 幼 絈 絈 絈 織 樂 樂 樂 樂

| 樂 | 樂 | 樂 | 樂 |

- 樂器(악기): 음악 기구
- 音樂(음악): 소리에 의한 예술

	한국 한자	중국 번체자	중국 간체자	일본 약자
738	敵 원수 **적**	敵 ㄉㄧˊ(디)	敌 dí(디)	敵 てき(데키)

㇔ ㆒ ㆓ ㆕ 产 产 产 商 商 商 商 敵 敵 敵 敵

| 敵 | 敵 | 敵 | 敵 |

- 敵意(적의): 적대시하는 마음
- 無敵(무적): 맞수가 없음

	한국 한자	중국 번체자	중국 간체자	일본 약자
739	誰 누구 **수**	誰 ㄕㄟˊ(세이)	谁 shéi(세이)	誰 すい(스이)

㇔ ㆒ ㆓ ㆔ 言 言 言 言 言 訂 訣 詐 誰 誰

| 誰 | 誰 | 誰 | 誰 |

- 誰某(수모): 아무개
- 誰何(수하): 어느 누구

	한국 한자	중국 번체자	중국 간체자	일본 약자
740	賣 팔 **매**	賣 ㄇㄞˋ(마이)	卖 mài(마이)	売 ばい(바이)

㆒ 十 士 吉 吉 声 声 壱 壱 賣 賣 賣 賣 賣

| 賣 | 賣 | 賣 | 賣 |

- 賣却(매각): 물건을 팔아 버림
- 販賣(판매): 상품을 팖

	한국 한자	중국 번체자	중국 간체자	일본 약자
741	諸	諸	诸	諸
	모두 **제**	ㄓㄨ⁻(주)	zhū(주)	しょ(쇼)
	` 亠 亠 亖 言 言 言 訂 計 訣 訣 諸 諸 諸			
	諸 諸 諸 諸		• 諸般(제반): 여러 가지 • 諸島(제도): 모든 섬	
742	課	課	课	課
	공부할 **과**	ㄎㄜˋ(커)	kè(커)	か(가)
	` 亠 亠 亖 言 言 言 訂 記 記 訳 課 課 課			
	課 課 課 課		• 課題(과제): 부과된 제목이나 문제 • 工課(공과): 공부의 과정	
743	億	億	亿	億
	억 **억**	Iˋ(이)	yì(이)	おく(오쿠)
	ノ イ イ 伫 俨 俨 倍 倍 倍 億 億 億 億 億			
	億 億 億 億		• 億臺(억대): 억으로 헤아릴 만함 • 十億(십억): 억의 열 배	
744	舞	舞	舞	舞
	춤출 **무**	ㄨˇ(우)	wǔ(우)	ぶ(부)
	ノ ノ 仁 二 仨 䍃 無 無 無 舞 舞 舞 舞 舞			
	舞 舞 舞 舞		• 舞蹈(무도): 춤을 추는 것 • 歌舞(가무): 노래하고 춤을 춤	

	한국 한자	중국 번체자	중국 간체자	일본 약자
745	齒 이 **치**	齒 彳ˇ(츠)	齿 chǐ(츠)	歯 し(시)
	｜ ｜ ⺊ 止 步 步 步 步 齿 齿 齿 齿 齿 齒 齒			
	齒　齒　齒　齒	• 齒牙(치아): 이를 점잖게 이르는 말 • 蟲齒(충치): 벌레먹은 이		
746	慶 경사 **경**	慶 〈ㄥˋ(칭)	庆 qìng(칭)	慶 けい(게이)
	丶 亠 广 户 戶 庐 庐 庐 廒 廒 廒 廖 廖 慶			
	慶　慶　慶　慶	• 慶祝(경축): 경사로운 일을 축하함 • 家慶(가경): 집안의 경사		
747	暴 사나울 **폭**	暴 ㄅㄠˋ(바오)	暴 bào(바오)	暴 ぼう(보)
	丶 ｜ 冂 日 日 旦 早 昇 昱 異 暴 暴 暴 暴 暴			
	暴　暴　暴　暴	• 暴政(폭정): 가혹한 정치 • 亂暴(난폭): 거칠고 사나움		
748	潔 깨끗할 **결**	潔 ㄐㄧㄝˊ(제)	洁 jié(제)	潔 けつ(게쓰)
	丶 丶 氵 氵 沣 浐 浐 淬 潔 潔 潔 潔 潔 潔 潔			
	潔　潔　潔　潔	• 潔白(결백): 깨끗하고 흼 • 高潔(고결): 고상하고 깨끗함		

	한국 한자	중국 번체자	중국 간체자	일본 약자
749	遺 끼칠 **유**	遺 ㅣˊ(이)	遗 yí(이)	遺 い(이)
	` ＼ ㅁ ㅁ 中 虫 史 虫 肯 眚 眚 貴 貴 遺 遺 遺 遺`			
	遺 遺 遺 遺	• 遺産(유산): 사후에 남겨 놓은 재산 • 無遺(무유): 남김없이 모조리		
750	賞 상줄 **상**	賞 ㄕ�êˇ(상)	赏 shǎng(상)	賞 しょう(쇼)
	` ＼ ＼ ㅛ ㅛ 告 尚 尚 當 賞 賞`			
	賞 賞 賞 賞	• 賞金(상금): 상으로 주는 돈 • 受賞(수상): 상을 받음		
751	憂 근심할 **우**	憂 ㅣㄡˉ(유)	忧 yōu(유)	憂 ゆう(유)
	` ㄧ ㄧ ㄱ ㄧ 百 百 百 頁 頁 夏 憂 憂 憂 憂 憂`			
	憂 憂 憂 憂	• 憂患(우환): 근심이나 걱정되는 일 • 忘憂(망우): 근심을 잊는 일		
752	學 배울 **학**	學 ㄒㄩㄝˊ(쉐)	学 xué(쉐)	学 がく(가쿠)
	` ´ ´ ´ ´ ´ ´ 段 段 段 段 段 學 學 學 學`			
	學 學 學 學	• 學力(학력): 학문의 실력 • 入學(입학): 학교에 들어감		

753

한국 한자	중국 번체자	중국 간체자	일본 약자
頭	頭	头	頭
머리 **두**	ㄊㄡˊ(터우)	tóu(터우)	ず(즈)

一 丆 戸 豆 豆 豆 豆 豆 頭 頭 頭 頭 頭 頭

頭	頭	頭	頭

- 頭痛(두통): 머리가 아픈 증세
- 念頭(염두): 머리 속의 생각

754

한국 한자	중국 번체자	중국 간체자	일본 약자
戰	戰	战	戦
싸울 **전**	ㄓㄢˋ(잔)	zhàn(잔)	せん(센)

丶 丶 口 口 口 吅 吅 罒 單 單 單 單 戰 戰 戰

戰	戰	戰	戰

- 戰時(전시): 전쟁이 벌어진 때
- 實戰(실전): 실제로 싸움

755

한국 한자	중국 번체자	중국 간체자	일본 약자
親	親	亲	親
친할 **친**	ㄑㄧㄣ⁻(친)	qīn(친)	しん(신)

丶 亠 亠 立 立 辛 亲 亲 亲 親 親 親 親 親

親	親	親	親

- 親舊(친구): 가깝게 오래 사귄 사람
- 切親(절친): 아주 친근함

756

한국 한자	중국 번체자	중국 간체자	일본 약자
樹	樹	树	樹
나무 **수**	ㄕㄨˋ(수)	shù(수)	じゅ(주)

一 十 オ 木 木 杆 柿 柿 柿 梷 梷 梷 樹 樹 樹 樹

樹	樹	樹	樹

- 樹種(수종): 나무의 종류
- 果樹(과수): 과실나무

	한국 한자	중국 번체자	중국 간체자	일본 약자
757	錢 돈 전	錢 ㄑㄧㄢˊ(첸)	钱 qián(첸)	錢 せん(센)

丿 ㇏ ㇏ 乍 乍 乍 乍 金 金 釒 釤 錢 錢 錢 錢

錢　錢　錢　錢

- 錢穀(전곡): 돈과 곡식
- 銅錢(동전): 구리로 만든 돈

	한국 한자	중국 번체자	중국 간체자	일본 약자
758	興 일어날 흥	興 ㄒㄧㄥˉ(싱)	兴 xīng(싱)	興 きょう(교)

丶 ㇀ ㇇ ㇉ 乍 日 門 門 門 閂 閂 閂 閂 興 興 興

興　興　興　興

- 興味(흥미): 흥을 느끼는 재미
- 新興(신흥): 새로 일어남

	한국 한자	중국 번체자	중국 간체자	일본 약자
759	餘 남을 여	餘 ㄩˊ(위)	余 yú(위)	余 よ(요)

丿 ㇏ ㇏ 乍 乍 今 食 食 食 食 飠 飠 飠 餘 餘 餘

餘　餘　餘　餘

- 餘裕(여유): 넉넉하고 남음이 있음
- 剩餘(잉여): 다 쓰고 난 나머지

	한국 한자	중국 번체자	중국 간체자	일본 약자
760	獨 홀로 독	獨 ㄉㄨˊ(두)	独 dú(두)	独 どく(도쿠)

丿 ㇀ ㇏ ㇏ 犭 犭 犭 犭 犷 狎 狎 狎 獨 獨 獨

獨　獨　獨　獨

- 獨食(독식): 이익을 독차지함
- 唯獨(유독): 오직 홀로

	한국 한자	중국 번체자	중국 간체자	일본 약자
761	橋 다리 **교**	橋 ㄑㅣㄠˊ(차오)	桥 qiáo(차오)	橋 きょう(교)
	一 十 十 木 杧 杧 栌 枂 柇 桥 桥 橋 橋 橋 橋 橋			
	橋 橋 橋 橋		• 橋脚(교각): 다리의 몸체를 받치는 기둥 • 架橋(가교): 교량을 가설함	
762	燈 등잔 **등**	燈 ㄉㄥˉ(덩)	灯 dēng(덩)	灯 とう(도)
	丶 丷 丷 火 灯 灯 灯 灯 烂 燈 燈 燈 燈 燈 燈 燈			
	燈 燈 燈 燈		• 燈火(등화): 등잔불 • 點燈(점등): 등에 불을 켬	
763	靜 고요할 **정**	靜 ㄐㄧㄥˋ(징)	静 jìng(징)	静 せい(세이)
	一 二 十 主 丰 青 青 青 靑 靑 靑 靖 靖 靜 靜 靜			
	靜 靜 靜 靜		• 靜肅(정숙): 고요하고 엄숙함 • 寂靜(적정): 쓸쓸하고 고요함	
764	憶 생각할 **억**	憶 ㄧˋ(이)	忆 yì(이)	憶 おく(오쿠)
	丶 丶 忄 忄 忄 忄 忄 忄 忄 愭 愭 憶 憶 憶 憶 憶			
	憶 憶 憶 憶		• 憶測(억측): 근거 없는 추측 • 追憶(추억): 지나간 일을 돌이켜 생각함	

	한국 한자	중국 번체자	중국 간체자	일본 약자
765	應 응할 응	應 ㅣㄥˉ(잉)	应 yīng(잉)	応 おう(오)
	丶 宀 广 广 广 庐 庐 庐 庐 庐 庐 雁 雁 雁 應 應 應			
	應 應 應 應	• 應急(응급): 급한 대로 우선 처리 • 副應(부응): 무엇에 좇아서 응함		
766	聲 소리 성	聲 ㄕㄥˉ(성)	声 shēng(성)	声 せい(세이)
	一 十 士 吉 吉 吉 声 声 殸 殸 殸 殸 殸 聲 聲 聲			
	聲 聲 聲 聲	• 聲援(성원): 소리를 질러 응원함 • 名聲(명성): 세상에 떨친 이름		
767	講 외울 강	講 ㄐㅣ�尢ˇ(장)	讲 jiǎng(장)	講 こう(고)
	丶 亠 言 言 言 言 言 訁 訐 講 講 講 講 講 講 講			
	講 講 講 講	• 講學(강학): 학문을 닦고 연구함 • 受講(수강): 강습이나 강의를 받음		
768	舊 예 구	舊 ㄐㅣㄡˋ(주)	旧 jiù(주)	旧 きゅう(규)
	一 十 廿 卝 艹 艹 萑 萑 萑 萑 萑 萑 萑 萑 舊 舊 舊			
	舊 舊 舊 舊	• 舊面(구면): 전부터 알고 있는 사람 • 復舊(복구): 그전 모양으로 되게 함		

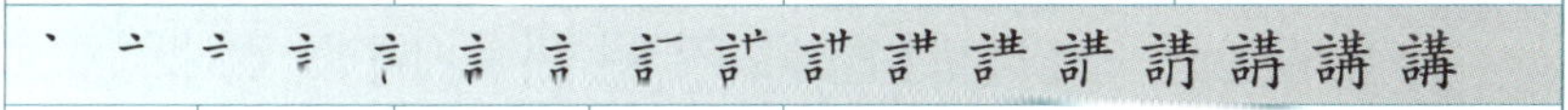

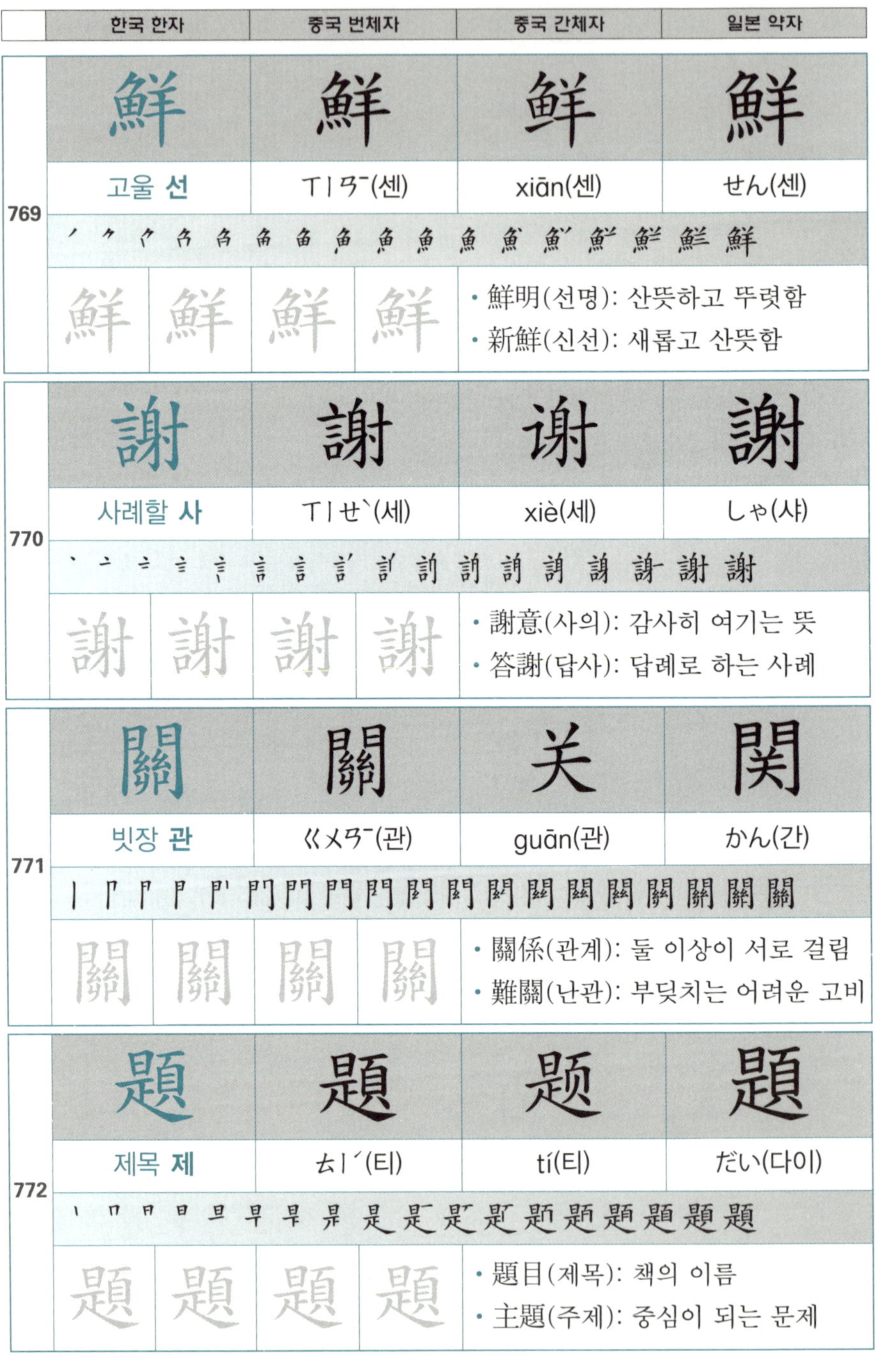

	한국 한자	중국 번체자	중국 간체자	일본 약자
769	鮮	鮮	鲜	鮮
	고울 **선**	ㄒㄧㄢ⁻(센)	xiān(센)	せん(セン)
	⺧ ⺧ ⺧ 刍 刍 角 魚 魚 魚 魚 魚 魚 魚 魚 鮮 鮮 鮮 鮮			
	鮮 鮮 鮮 鮮		• 鮮明(선명): 산뜻하고 뚜렷함 • 新鮮(신선): 새롭고 산뜻함	
770	謝	謝	谢	謝
	사례할 **사**	ㄒㄧㄝ丶(세)	xiè(세)	しゃ(샤)
	丶 丶 ⼆ ⾔ ⾔ ⾔ 言 言 訁 訂 訝 詢 謝 謝 謝 謝 謝 謝			
	謝 謝 謝 謝		• 謝意(사의): 감사히 여기는 뜻 • 答謝(답사): 답례로 하는 사례	
771	關	關	关	関
	빗장 **관**	ㄍㄨㄢ⁻(관)	guān(관)	かん(간)
	⼁ ⼁ ⼁ ⼁ ⼁ 門 門 門 門 門 閇 閏 開 開 開 關 關 關 關			
	關 關 關 關		• 關係(관계): 둘 이상이 서로 걸림 • 難關(난관): 부딪치는 어려운 고비	
772	題	題	题	題
	제목 **제**	ㄊㄧˊ(티)	tí(티)	だい(다이)
	丶 ⼝ 日 日 旦 早 早 昰 是 是 是 题 題 題 題 題 題 題			
	題 題 題 題		• 題目(제목): 책의 이름 • 主題(주제): 중심이 되는 문제	

	한국 한자	중국 번체자	중국 간체자	일본 약자
773	難 어려울 **난**	難 ㄋㄢˊ(난)	难 nán(난)	難 なん(난)

一 十 廿 廿 廿 芇 芇 芇 堇 堇 葟 蓳 蒉 荙 蕾 難 難 難

難	難	難	難	• 難題(난제): 이려운 문제 • 險難(험난): 위험하고 어려움

	한국 한자	중국 번체자	중국 간체자	일본 약자
774	醫 의원 **의**	醫 丨ㄧ(이)	医 yī(이)	醫 い(이)

一 丆 匚 匸 医 医 医 医 医 医 医 毉 毉 毉 毉 醫 醫 醫

醫	醫	醫	醫	• 醫術(의술): 병을 고치는 기술 • 名醫(명의): 이름난 의원이나 의사

	한국 한자	중국 번체자	중국 간체자	일본 약자
775	藝 재주 **예**	藝 丨ˋ(이)	艺 yì(이)	芸 げい(게이)

一 十 卄 艹 圵 圵 刲 刲 埶 埶 埶 蓺 蓺 藝 藝 藝 藝 藝

藝	藝	藝	藝	• 藝能(예능): 재주와 기능 • 技藝(기예): 기술에 대한 재주

	한국 한자	중국 번체자	중국 간체자	일본 약자
776	歸 돌아올 **귀**	歸 《ㄨㄟˉ(구이)	归 guī(구이)	帰 き(기)

丶 丿 㠯 㠯 㠯 㠯 㠯 㠯 㠯 㠯 㠯 㠯 㠯 歸 歸 歸

歸	歸	歸	歸	• 歸家(귀가): 집으로 돌아감 • 復歸(복귀): 본디 상태로 되돌아감

	한국 한자	중국 번체자	중국 간체자	일본 약자
777	蟲 벌레 **충**	蟲 ㄔㄨㄥˊ(충)	虫 chóng(충)	虫 ちゅう(주)
	ノ 冂 口 中 虫 虫 虫 蚩 蚩 蚩 蚩 蟲 蟲 蟲 蟲 蟲			
	蟲 蟲 蟲 蟲		• 殺蟲(살충): 벌레를 죽임 • 昆蟲(곤충): 벌레를 통틀어 이르는 말	
778	藥 약 **약**	藥 ㄧㄠˋ(야오)	药 yào(야오)	薬 やく(야쿠)
	一 十 ⺿ ⺿ 艹 艹 芍 首 首 首 箹 箹 薢 薢 藥 藥 藥 藥 藥			
	藥 藥 藥 藥		• 藥局(약국): 양약을 파는 곳 • 補藥(보약): 몸을 보하는 약	
779	禮 예절 **례**	禮 ㄌㄧˇ(리)	礼 lǐ(리)	礼 れい(레이)
	一 二 亍 亓 示 示 礻 礻 神 神 禮 禮 禮 禮 禮 禮 禮			
	禮 禮 禮 禮		• 禮訪(예방): 예로써 인사차 방문함 • 謝禮(사례): 고마운 뜻을 나타냄	
780	豐 풍년 **풍**	豐 ㄈㄥ(펑)	丰 fēng(펑)	豊 ほう(호)
	ㅣ 冂 彐 彐 彐 丰 非 非 非 豐 豐 豐 豐 豐 豐 豐 豐			
	豐 豐 豐 豐		• 豐年(풍년): 농사가 잘됨 • 物豐(물풍): 물건이 풍부함	

	한국 한자	중국 번체자	중국 간체자	일본 약자
781	識 알 식	識 ㄕˊ(스)	识 shí(스)	識 しき(시키)
	`丶亠亠言言言言訂訃訃訐訐訐諳諳諳識識識`			
	識 識 識 識		• 識者(식자): 학식 따위가 있는 사람 • 學識(학식): 배워서 얻은 지식
782	證 증거 증	證 ㄓㄥˋ(정)	证 zhèng(정)	証 しょう(쇼)
	`丶亠亠言言言言訂訂訐訐訐訐諳諳諳證證證`			
	證 證 證 證		• 證言(증언): 증인의 진술 • 檢證(검증): 검사하여 증명함
783	願 원할 원	願 ㄩㄢˋ(위안)	愿 yuàn(위안)	願 がん(간)
	`一厂厂厂厉原原原原原原原原願願願願願願`			
	願 願 願 願		• 願望(원망): 원하고 바람, 怨望과 다름 • 祈願(기원): 바라는 일이 이루어지기를 빎
784	勸 권할 권	勸 ㄑㄩㄢˋ(취안)	劝 quàn(취안)	勧 かん(간)
	`一十十艹艹芇茚茚茚茚茚萉萉萉萉蕳蕳勸勸`			
	勸 勸 勸 勸		• 勸告(권고): 하도록 권하여 말함 • 强勸(강권): 강한 권력

	한국 한자	중국 번체자	중국 간체자	일본 약자
785	議 의논할 **의**	議 ㅣˋ(이)	议 yì(이)	議 ぎ(기)
	`丶一二言言言言言言訒訒訒訒詳詳議議議`			
	議 議 議 議	• 議題(의논): 의논할 문제 • 審議(심의): 심사하고 토의하는 것		
786	嚴 엄할 **엄**	嚴 ㅣㄢˊ(옌)	严 yán(옌)	厳 げん(겐)
	`丶丨丨口口吅吅严严严严严严严严严严严严嚴嚴`			
	嚴 嚴 嚴 嚴	• 嚴肅(엄숙): 장엄하고 정숙함 • 威嚴(위엄): 위세가 있어 엄숙함		
787	鐘 쇠북 **종**	鐘 �ㄨㄥˉ(중)	钟 zhōng(중)	鐘 しょう(쇼)
	`丿ナナ⺉牟牟余金金釒釒釒鈩鈩鐥鐥鐘鐘鐘鐘`			
	鐘 鐘 鐘 鐘	• 鐘閣(종각): 종을 매달아 둔 집 • 掛鐘(괘종): 걸어 놓는 시계		
788	競 다툴 **경**	競 ㄐㄧㄥˋ(징)	竞 jìng(징)	競 きょう(교)
	`丶一二亍立产音音竞竞竞竞竞竞竞竞竞竞競`			
	競 競 競 競	• 競進(경진): 다투어 앞으로 나아감 • 粉競(분경): 얼크러져 다툼		

	한국 한자	중국 번체자	중국 간체자	일본 약자
789	權	權	权	権
	권세 **권**	ㄑㄩㄢˊ(취안)	quán(취안)	けん(겐)
	一 十 才 木 木 术 术 术 栌 栌 栌 栌 栌 橯 橯 橯 權 權 權			
	權 權 權 權		• 權限(권한): 권력이 미치는 범위 • 執權(집권): 정권을 잡음	
790	鐵	鐵	铁	鉄
	쇠 철	ㄊㄧㄝˇ(테)	tiě(테)	てつ(데쓰)
	丿 ㇒ ㇒ ㇒ 车 车 车 金 金 釮 釮 鍂 鋍 鋍 鋍 鋒 鐼 鐵 鐵 鐵			
	鐵 鐵 鐵 鐵		• 鐵柵(철책): 쇠로 만든 울타리 • 古鐵(고철): 낡은 쇠	
791	續	續	续	続
	잇닿을 속	ㄒㄩˋ(쉬)	xù(쉬)	ぞく(조쿠)
	㇜ ㇜ 幺 幺 糹 糹 糹 紺 紶 紶 綪 綪 綪 續 續 續 續 續 續			
	續 續 續 續		• 續出(속출): 잇달아 나옴 • 持續(지속): 어떤 상태가 오래 계속됨	
792	歡	歡	欢	歓
	기뻐할 환	ㄏㄨㄢˉ(환)	huān(환)	かん(간)
	一 十 十 朮 朮 ⺿ ⺿ 苩 苩 茁 茁 苗 萝 萝 萝 萞 萞 萞 蒦 蒦 歡 歡 歡			
	歡 歡 歡 歡		• 歡迎(환영): 즐거이 맞이함 • 哀歡(애환): 슬픔과 기쁨	

	한국 한자	중국 번체자	중국 간체자	일본 약자
793	露 이슬 **로**	露 ㄌㄨˋ(루)	露 lù(루)	露 ろ(로)
	露露露露			• 露天(노천): 한데 • 暴露(폭로): 드러내 놓는 일
794	聽 들을 **청**	聽 ㄊㄧㄥˉ(팅)	听 tīng(팅)	聴 ちょう(조)
	聽聽聽聽			• 聽覺(청각): 소리를 듣는 감각 • 盜聽(도청): 몰래 엿들음
795	讀 읽을 **독**	讀 ㄉㄨˊ(두)	读 dú(두)	読 どく(도쿠)
	讀讀讀讀			• 讀音(독음): 한자의 음 • 朗讀(낭독): 글을 소리 내어 읽음
796	驚 놀랄 **경**	驚 ㄐㄧㄥˉ(징)	惊 jīng(징)	驚 きょう(교)
	驚驚驚驚			• 驚異(경이): 놀랍고 이상함 • 虛驚(허경): 괜히 놀람

	한국 한자	중국 번체자	중국 간체자	일본 약자
797	體 몸 **체**	體 ㄊㄧˇ(티)	体 tǐ(티)	体 たい(다이)
	ㅣ ㄇ ㄇ 骨 骨 骨 骨 骨 骨 骨 骨 骨 體 體 體 體 體 體 體 體			
	體 體 體 體	• 體罰(체벌): 몸에 고통을 주는 벌 • 肢體(지체): 팔다리와 몸		
798	變 변할 **변**	變 ㄅㄧㄢˋ(볜)	変 biàn(볜)	変 へん(헨)
	ㄑ ㄑ ㄠ 纩 糸 糸 紵 紵 紵 紵 結 結 紵 縊 縊 縊 縊 縊 變 變 變			
	變 變 變 變	• 變更(변경): 바꾸어 고침 • 急變(급변): 갑자기 달라짐		
799	觀 볼 **관**	觀 ㄍㄨㄢ˜(관)	观 guān(관)	観 かん(간)
	一 十 十 世 世 甘 甘 苗 苗 苗 莒 莒 莒 萑 萑 萑 萑 雚 雚 雚 觀 觀			
	觀 觀 觀 觀	• 觀察(관찰): 사물을 잘 살펴봄 • 參觀(참관): 어떤 자리에 나아가서 봄		
800	讓 사양할 **양**	讓 ㄖㄤˋ(랑)	让 ràng(랑)	讓 じょう(조)
	` 二 二 三 言 言 言 言 言 訁 譁 譁 譁 譁 譲 譲 讓 讓 讓 讓 讓			
	讓 讓 讓 讓	• 讓受(양수): 넘겨받음 • 辭讓(사양): 겸손히 사절함		

찾아보기